清华北大

学习高手

闻道清北 编著

中国华侨出版社
北京

图书在版编目（CIP）数据

清华北大学习高手/闻道清北编著.—北京：中国华侨出版社，2021.12
ISBN 978-7-5113-8720-2

Ⅰ.①清… Ⅱ.①闻… Ⅲ.①中学生—学习方法②高
考—经验 Ⅳ.① G632.46 ② G632.474

中国版本图书馆 CIP 数据核字（2021）第 245772 号

清华北大学习高手

编　　著 /	闻道清北
责任编辑 /	江　冰　桑梦娟
封面设计 /	八度出版服务机构
经　　销 /	新华书店
开　　本 /	880mm×1230mm　　1/32　　印张：7.5　　字数：142千字
印　　刷 /	北京天宇万达印刷有限公司
版　　次 /	2021年12月第1版　2022年1月第2次印刷
书　　号 /	ISBN 978-7-5113-8720-2
定　　价 /	49.80元

中国华侨出版社　　北京市朝阳区西坝河东里77号楼底商5号　　邮编：100028
发行电话：18610159925　　传　真：（010）64439708
网　址：www.oveaschin.com　　E-mail：oveaschin@sina.com

如果发现印装质量问题，影响阅读，请与印刷厂联系调换。

编委会

内容策划	伍廉荣（清华）　王　宇（北大）　于思瑶（清华） 邱梓晟（清华）　宋娜萍（清华）　杨子悦（清华） 蒋馨雨（北大）　黄宁婧（北大）　徐丽博（北大） 刘娴素　龚夕琳　赵　威
作者团队	于思瑶（清华）　伍廉荣（清华）　顾天洋（清华） 胡开瑞（清华）　孙　超（清华）　陆泉宇（清华） 石雨婷（清华）　纪博琼（北大）　王诗语（北大） 黄宁婧（北大）　牛梦莹（北大）　吴彩华（北大） 隆孟君（北大）

清华北大学霸
寄语

伍廉荣

没有人可以轻轻松松超越自己和超越别人,拿疲惫和辛苦当借口,只会让你输在起跑线上。

于思瑶

一个人的意志力量不够推动他自己,他就失败,谁最能推动自己,谁就最先取得成功。

黄宁婧

认真对待每一次刷题,将这个和果的过程当做打怪的进程,最后高考统来,你回过头会来发现,已经无所谓关乐了。

牛梦莹

将课本上的概念和公式吃透,加上有针对性地训练,在脑海中构建起知识的场景,考试时就会更加得心应手。

陆泉宇

或许你现在正面对迷茫、困顿、失望,但请坚持下去,一直走下去,请相信,阳光,终究会迎来。

王诗语

提高学习效率需要养成良好的课堂学习习惯,提高学习兴趣,学会时间管理,回顾记忆知识点。

杨子悦

没有谁是天生的天才——至少在高中阶段，努力一定是一把通向成功的钥匙。

石雨婷

平安喜乐的日子不难有，关键在于不要为你做出的任何选择而感到后悔。

孙 超

正确地看待竞争，处理失落与不协调的心境，采取高效有利的方式，去追求适合自己能力与兴趣的那条通向梦想的道路。

徐丽博

无论你现在处于什么样的位次，都要坚定信心，不懈努力，最终都会实现自己的梦想的。

纪博琼

能决定我未来命运的，只有我自己，任何的自暴自弃都是不可取的。

邱梓晟

在紧张的学习之余，千万不要忘记保留一颗达观的心，相信那句"All is well"，幸运女神将永远眷顾自信乐观之人。

愿你以梦为马，不负韶华

　　学生时代，是充满梦想的时代。每一位学生，都希望自己的高考梦能够实现，同时，也实现父母的"高考梦"。而要实现梦想，自然需要我们学得一身本领，成为真正的学习高手。

　　学习的目的不仅仅是高考，但是不得不承认，高考是我们实现人生梦想最便捷、最高效的方法。因此，我们希望借助已经考入清华大学、北京大学的"学习高手"的经验，来为千千万万学子及其家长提供真实有效、操作性强的"高手"学习方法和技巧。当然，学习是一辈子的事情，掌握了正确的学习知识的方法，将使我们终生受益。作为家长，应该都希望自己的孩子成为一名学习高手，甚至希望自己的孩子能够掌握他人不曾掌握的学习技巧，助力孩子脱颖而出。

　　如果你是一名学生，在学习的过程中会遇到哪些亟须解决的问题？是希望学会克服薄弱科目，还是本身动力不足无法做到自律？是不清楚每个学科的学习方法，还是不清楚听课、做笔记的技巧？是不懂优化学习的窍门，还是无法让家庭为自己赋能？这些是我们在学习中经常苦恼和困惑的问题，在你迷茫、困惑的时候，不妨借助这本书来找寻答案。

如果你是一位学生家长，你寄希望于孩子，想尽办法帮助孩子提高学习成绩，希望助力孩子考上一所理想的大学，收获一个美好的未来。在这个过程中，你会发现自己虽为人父母，但是依然会有诸多困惑，比如那些清华大学、北京大学的孩子难道天生就是学习高手吗？那些学习成绩差的孩子，在高考到来之前，真的能够逆袭吗？面对这些疑惑，也不妨从这本书中找寻答案，最终你会发现，问题都有法可解，自己竟然能够帮助孩子如此学习。

每个学习成绩优秀的孩子都不是天生的，正是后天练就的"学习本领"才能让他（她）们在学习的海洋中乘风破浪。这种本领包含了学习信心、学习技巧、学习方法，善于自我塑造的孩子，才有机会掌握这种本领，将自己打造成一位优秀的学习高手。

没有人希望自己的生活充满失败，但是学习的过程就是一次次战胜失败、寻找成功、完成蜕变的过程。在这个过程中，身为学生的我们需要来自家人的支持与激励，更需要来自"过来人"的经验和提点。当你心怀理想，才发现那些已经步入最高学府大门的人，像极了现在的自己。自然，未来的自己也可以成为今天的他们。

本书中，一字一句皆是出自北京大学、清华大学的学子们的真实的成长经历。他们在考入北京大学、清华大学之前也不过是高考备考大军中的一员，同样面临着你今天面临的问题。我们希望通过挖掘他们在求学路上面对困境、迷茫、疑惑、失败的经验，能够给大家带来积极的影响，对大家有所帮助。

路漫漫其修远兮，吾将上下而求索！真心希望这本书能够帮你缩短迷茫的路程，告别学习困境的苦恼，合上这本书的时候，你已经打开了理想大学的录取通知书！

闻道清北

二○二一年十一月二十八日

目录

2

3

4

学习优化，不可轻视的超级学习法 / 185

1

成功逆袭，学霸的崛起之道

涅槃逆袭，是多么励志而倔强的经历。不论过往，逆袭是冲向前方的过程。无论成绩如何，我们都应该乘风破浪，驾驶学习的大船，逆流而上，最终到达理想大学的停泊场。

第一课
努力是一波三折后的得偿所愿

01
克服弱科，努力前行

无论是总体成绩很突出的同学，还是总体成绩一般的同学，相信都会面临偏科或存在不擅长的学科的问题。很多学生和家长都对此感到困惑、迷茫，薄弱科目经常成为同学们学习提升过程中的强大阻力。面对弱科、偏科，你是缺乏自信心，认为自己不能解决，选择退避畏缩；还是迎难而上，鼓励自己去挑战、突破呢？不同的选择就会有不同的结果，这个选择决定了我们能否解决掉自己的弱科，并将其变为自己的优势科目。

相信大家都听说过"木桶效应"，它讲的是，一只木桶能装多少水并不取决于最长的那块木板，而取决于它最短的那块木板。一只木桶想盛满水，必须每块木板都一样平齐且无破损，如果这只桶的木板中有一块不齐或者某块木板下面有破洞，这只桶就无法盛满水。这个原理也可称为短板效应。任何组织都可能面临一个共同问题，即构成组织的各个部分往往是优劣不齐的，而劣势部分往往影响整个组织的水平。在学习过程中也是一样，我们都应该找到自己的短板，并且积极克服，才能取得成功。

如何克服短板，实现超越和飞跃呢？

突破弱科，从科学的学习规划开始！

我在初高中时学习成绩一直比较靠前，但和各位同学一样，我也曾在学习中遇到过困难和瓶颈，并且一度受到弱科的困扰，也有对自己产生不信任的状态，也曾经有过畏惧、逃避的心态，不但自己陷入学习的泥淖，也给家长、老师带来了困扰。但是，随着我对弱科短板认识的逐渐加深，在老师和家长的鼓励、帮助下，我也对弱科进行了突破，最终成功战胜了自己的短板，获得了总成绩的提升！

我从高中开始，英语成绩一直一般，经常出现数学140分以上，英语却只有100分左右的现象。甚至一度在班级内的英语单科排名靠后，严重影响了我的总成绩。因为偏科严重，我也受到了英语老师的特别关注。到高二的时候，由于依然缺少对英语的重视，没有认识到偏科这个问题的严重性，英语成绩严重拉低了我的年级排名，这时候，我下决心要攻克英语这个难关。

那么，怎样才能突破自己的弱科，弥补短板，解决英语这个薄弱科目呢？

我认为面对弱科，首先要突破自己的心理困境，也就是克服对于短板缺陷的畏难心态，增强自信。相信很多同学都有过像我这样的经历，由于长时期内，某个学科成绩不理想，知识点疏漏太多，在学习中也没有掌握方法，问题过多不知道从哪里入手解决，更面临来自老师和家长的压力，而导致自己对于这个学科失去信心。这种情况下，首先就要克服自己的心态困境，告诉自己能够克服这个困难，加强自我认可和提升自信心，这样才有利于开展接下来对于薄弱科目的学习。

在树立了学习信心之后，具体该怎么提升薄弱科目呢？在决定加强英语学习后，我也对于怎么开展学习非常困惑，面对这么多的知识点和题型，想要一次性地迅速解决是不太可能的。这时候，我把自己的困惑告诉了家长，母亲一直比较关心我的学习，也很了解我现在英语学习的困境和瓶颈。母亲建议我最好去询问老师应该从哪些角度入手，因为除了自己，老师是最了解我们学习情况的，想要做出符合自己学习情况的学习规划，询问老师无疑是最好的办法。

在受到家长的鼓励和建议后，我选择了向老师询问。老师在了解到我决心加强英语学习，克服薄弱科目后，很是欣慰。我的英语成绩一向较差，其他科目的成绩却很好，所以老师也是希望我的英语成绩有所提高的。在分析过我的考试成绩和几次考试的试卷情况后，老师认为我目前英语学习中存在的问题主要是，基础知识掌握上有缺陷，知识点漏洞较多；此外，典型题型的答题方法掌握不好，缺少答题方法就会导致习题练习的效果不好。针对以上的问题，老师建议我从当下的学习入手。尽管之前的学习内容有所欠缺，但是为了不影响整体学习进度，应该先加强现在学习内容的把控，在保障当前学习内容充分掌握时，再去回顾以往的知识点。对于答题方法的练习，重要的就是加强习题的训练，从做题中去找寻答题方法，再把答题方法运用到做题的实践中去。而且，老师建议我做往年的高考真题，因为高考题出题规范，更有利于之后的训练。

在老师对我进行学习指导之后，接下来就需要自己去合理地安排时间，进行科学的学习了。在繁忙的学习生活中，时间总是不够用的。"没时间"是很多同学经常挂在嘴边的一句话，但是想要在学习成绩上有所突破，关键就是时间的积累和单位时间内学习效率的提升。在学习时长固定的情况下，想增加英语学习的时间，就必然要对自己的学习进行规划和调整。

在我原来的学习计划中，对于英语学科并没有较大的重视和时间倾斜，而这也是影响我英语成绩提升的重要原因之一。既然想要对薄弱科目有所提高，就必然要做新的时间规划。谈到时间规划，我们要明白的是，时间永远是不够用的，需要完成的事情是无穷的。所以，我们需要做的是，区分好每件事情的轻重缓急。很多紧迫的事情不一定等同于重要的事情，千万不能成为急事的奴隶。对我而言，现一阶段的学习中，英语学科的提升才是当务之急，所以时间自然也需要向英语倾斜。

在认识到这些之后，我开始结合自己的自习时间，制订每天的学习计划：每天都安排出一定时间的英语学习，每两天完成一套英语高考试题或模拟卷。每道题都需要弄明白考点是什么、为什么错了，因为我觉得，练习的重点在于做题的质量，而不是你做题的数量，完成练习之后的回顾和复盘是很重要的。即便遇到实在没有时间的情况，我也会坚持先把做过的题目弄清楚，而不是挤时间去一味地做题。

对于英语学习的时间把握也是需要做精细化处理的，不同的时间段结合自己的不同特点，我们也要做对应的规划。

	大块时间	碎片时间
高效率	黄金时间	积累时间
低效率	反馈时间	疲顿时间

就像上面的表格一样，按照学习单元的客观情况划分，可以得到完整时间和碎片时间；按照学习的效率高低划分，可以得到高效时间和低效时间。我们可以按照对时间单元的划分和具体不同时间的学习效率来安排自己的学习。大块完整的高效率时间是"黄金时间"，非常宝贵，我们可以完成一些高强度的学习任务，例如各科的限时训练、难题的重点突破、复杂问题的深入思考。碎片化的高效率时间是一天当中的"积累时间"，适合进行

与记忆和积累相关的学习任务，例如巩固英语单词、记忆英语短语。"反馈时间"是完整的低效率时间，适合进行对白天所学知识方法的总结、错题的分析与归纳、反思自己的学习计划、思考下一阶段自己努力的方向。"疲顿时间"是碎片化的低效率学习时间，这时候精神状态欠佳，也没有充足的完整时间去进行深入的思考和学习，就可以安排适当的休息，保障自己接下来的学习状态；也可以进行课外阅读、英语练字等这些不太需要思考的学习任务。

02 坚持努力，相信办法总比困难多

在学习时间运用中，同样存在"二八定律"——在效率最高的"黄金时间"，20%的时间投入就能产生80%的回报；在效率最低的"疲顿时间"，80%的时间投入却只能产生20%的回报。因此，在学习中我们也要掌握科学的规律。在具体的学习中，我们需要结合自己的状态去规划时间。

我自己就是这样做的——在早晨起床后吃早饭的零碎时间，可以用来听英语录音、广播，加强听力和口语能力；在早自习的时候，因为较为清醒，我会选择去记忆单词、背诵经典范文；在下午或晚自习的较长时间段，有利于进行较为深入的思考，我会

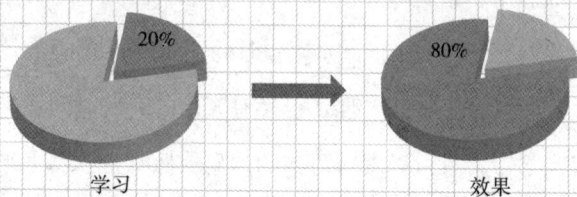

学习　　　　　　　　　　　效果

选择做题训练，并且对做过的题目进行细致的梳理和总结；在睡前的短暂时间，也可以进行单词、短语的记忆，因为这一段时间的记忆效果也是比较好的。以上就是要结合具体的时间和自己的状态进行学习的选择。

在我克服英语这个薄弱科目的过程中，除了自己的努力和规划，老师和家长也发挥了很大作用。在克服困难的过程中，必定有面临失败的情况。在高二的暑假期间，我每天坚持做一套英语试题，每天从错题中总结单词、短语、答题方法，假期之后的开学考试中，我的英语成绩有了很大提升。但是开学后由于也要重点学习其他学科，我的英语成绩又出现了下滑，一度回到了最初的水平。这样不理想的成绩给了我很大的打击，明明坚持了一个暑假的重点学习，为什么却不见效果呢？我再次对自己的英语学科失去了信心。在我为此而困惑、焦虑的时候，妈妈给了我坚持下去的理由，她鼓励我说：一个假期的重点学习已在开学的考试中取得了效果，说明这一个假期的努力没有白费，对于这个薄弱科目也掌握了方法，这些都是努力的回报。老师也帮我分析原因，是开学后忙碌的学习和成绩的提高，使自己放松了对于薄弱科目的警惕性，才导致考试的失利。吸取以往的经验教训，现在继续坚持努力一定可以克服这个困难的。

妈妈和老师对我的鼓励，使我明白对于薄弱科目的学习需要长久的坚持，并且要安排好自己对待各个学科的学习时间，需要在平均分配的基础上对薄弱科目有所倾斜。所以，在新学期开学后，我又继续向英语发起进攻，结合自己的学习情况重新制订学习计划，按照学习规划按部就班地进行。在习题训练中总结答题方法，又将方法应用于实践，不断夯实基础知识，弥补自己的知识漏洞。在这样长期的积累之后，到了高三，我的英语成功脱离了早期较差的水平，一跃成为优势科目，在高考中还取得了140分以上的成绩，没有给总成绩拉分。

通过自己学习英语的经历，我想要告诉大家，面对自己现在的薄弱科目，不要畏惧，不要灰心，办法总比困难多，要相信通过自己不懈的努力和科学的方法都能够解决。还有，对待薄弱学科要有合理的时间安排，不能因提升弱科而使其他学科成绩下滑，这就需要从根本上做好时间规划，相对程度上向薄弱科目倾斜。希望大家也都能像我一样把自己的薄弱科目变成优势科目。

最后送给大家一句话——意志力是非常重要的。诚然，每个人都多多少少有一点惰性，如果意志力薄弱，你势必失败，如果意志力足够强大，成功已离你不远。对于薄弱科目的学习也是一样，希望大家能以顽强的意志力、强大的自信心、合理科学的时间规划，克服自己的短板，取得整体的飞跃！

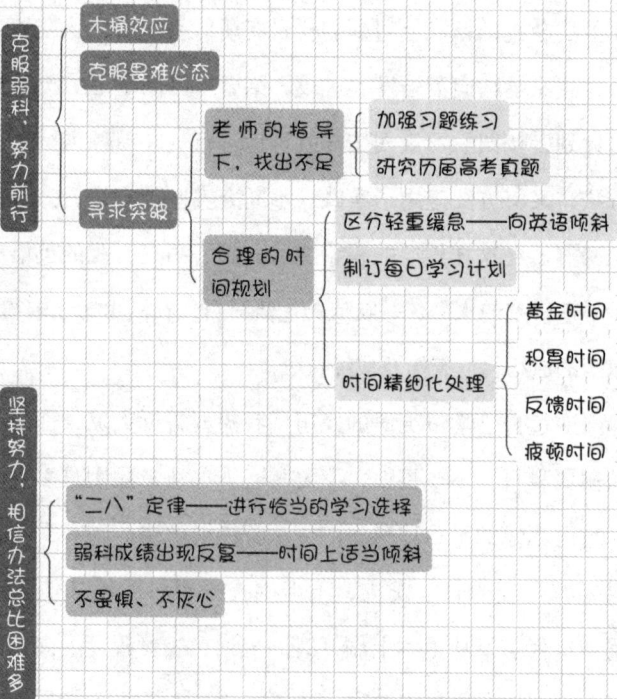

努力是一波三折后的得偿所愿

克服弱科，努力前行
- 木桶效应
- 克服畏难心态
- 寻求突破
  - 老师的指导下，找出不足
    - 加强习题练习
    - 研究历届高考真题
  - 合理的时间规划
    - 区分轻重缓急——向英语倾斜
    - 制订每日学习计划
    - 时间精细化处理
      - 黄金时间
      - 积累时间
      - 反馈时间
      - 疲顿时间

坚持努力，相信办法总比困难多
- "二八"定律——进行恰当的学习选择
- 弱科成绩出现反复——时间上适当倾斜
- 不畏惧、不灰心

学霸阅读笔记

阅读打卡

新的收获

小结

第二课
在迷茫中努力，在挫折中奋起

你是否也曾经在学习的过程中一度迷茫无措，不知道自己的努力是否有用？你是否也曾经遇到过重大挫折，成绩一蹶不振？没有谁的进步是一帆风顺的，如果能够在迷茫中保持努力，在挫折中学会奋起，成功就会在远方向你招手。这篇文章将会带你解开困惑，寻找走出迷茫、面对挫折的"最优解"。

01
挣脱迷茫，坚定方向

别被迷茫困住

不少同学在学习的过程中，都不可避免地遭遇过一段或几段非常迷茫的时期。比如，连续好几次考试，擅长的学科都没拿到该拿的成绩，自我怀疑由此而生；再比如，某一段时间，你比以往下了更大的功夫，可是成绩不仅没有丝毫进步，反而有些后退。这些时候，我们就容易陷入迷茫，怀疑自己的能力，不知道未来应该何去何从。

首先，请不要担心，这种心理在学习过程中非常正常，没有谁的进步过程是一帆风顺的。你陷入了迷茫，恰恰说明你正在自我反思，在分析自己的问题所在。当然，我们不能让自己一直处于这样的状态中，必须在迷茫中学会努力奋起。那么，应该怎么做呢？

制订目标，大胆向前

最重要的是给自己制订清晰的目标。所谓迷茫，就是不知道前进的方向，被困在原地。那么要想继续迈开前进的步伐，最简单的就是给自己找到清晰的目标。那么这个目标应当如何设置呢？

众所周知，目标可以分为长期、中期、短期目标，而这些目标对于我们摆脱迷茫的状态都是非常奏效的。

（一）长期目标

对于大家来说，不管处于哪个阶段，我们的长期目标都可以尽可能长远，如考入理想的高中、考上理想的大学，甚至大学毕业之后找一份什么样的工作、过上怎么样的生活。

曾记得在我高三的时候，有一次班会，老师让大家每人拿出一张纸，写下自己梦想之中今后的生活，并统一上交，由老师为我们保存。这就是一种长期目标，它不一定要在某一个时间节点上必须实现，甚至它有可能永远存在于梦想之中，但这会成为激励我们前进的动力。

（二）中期目标

中期目标是介于长期目标和短期目标之间的，它具有一定的时间限制，但这个时间限制没有那么紧凑，因此非常考验我们的自律性。

中期目标，可以是这学期期末考试里班级排名要比上学期期末考试进步10个名次；也可以是下次月考中语文成绩要比上次考试多考5分；或者具体到某一个学科的某一类题目，比如下次考练的数学选择题要做到全对。

只要有目标驱使，我们就可以让自己永远保持一种"有事做"的状态。比如，想要下次考练的数学选择题全对，为了完成目标，就必须努力刷题、提高做题的准确率和速度。

（三）短期目标

短期目标是培养我们短时间内学习习惯的好帮手。短期目标可以短到以"天"为单位，比如今天要在完成老师布置的所有作业的基础上再多做一套英语听力题，今天要在晚自习之后把这周学的古诗文背诵默写一遍，或是今天要多背20个积累的单词，等等。

建议同学们可以准备一个专门的本子，把自己每天的目标记录下来。每天早上早读或早自习开始之前，先把一整天的目标罗列出来，每完成一项就把这一项勾画掉，一天下来一定会有满满的成就感。

勇于沟通，坚定信念

除了给自己制订目标以外，我们也可以积极寻求外界的帮助。老话说得好，"当局者迷，旁观者清"。当对自己的现有状况有些迷茫、不知所措的时候，我们可以问问老师、求助家长或者同学，听一听他们的分析和建议，也许旁人的一句话就能把你点醒。

以老师为例。每一位老师都曾经有过自己的学生阶段，你的问题也许他也曾感同身受，另外，老师们往往经验丰富，多年的教学中，他们带过的学生成千上万，不管是学习还是生活中，见识过的问题千头万绪，体会过的学生心理千姿百态。我们可以去找一位自己信任的老师，敞开心扉的和他们聊聊自己最近的学习状态、心理状态，交流交流自己这段时间的所思所想，老师一定会很乐意帮助我们排忧解难、传道解惑。相信你，一定可以找出症结。

脚踏实地，避免胡思乱想

除了上述以外，大家也可以尝试"精力转移法"——当我们胡思乱想、对未来迷茫不知所措的时候，不妨把那些混乱的思绪暂时放下，拿起书本、纸笔，把心思放在学习本身上来。一旦把精力集中在每道题目、每篇课文上，就可以在一定程度上缓解自己的焦虑。

那么，怎么集中注意力、不受到消极情绪的影响呢？可以在学习之前，把书桌整理干净，与学习无关的东西通通收走，给自己制造一个心无杂念的学习环境。有手表的同学，也可以给自己定一个学习时间，比如在接下来的1小时之内除了学习什么都不能干，等1小时到了之后再站起来休息活动一下。

02 直面挫折，迎头赶上

失败乃成功之母

学习的过程中，难免会遇到各种各样的困难与挫折：考试屡次失利、题目解不出来、作业没法按时完成、新学习的知识点难以消化吃透……

学习之路那么漫长，遇到挫折在所难免。要记住：失败乃成功之母。没有一次一次挫折的锤炼，又怎么能迎来阅尽千帆后的成功呢？每一次挫折或者失败，都是我们前进路上的历练，能够给我们宝贵的经验。没有失败的经验积累，成功也只是侥幸。记住这一点，我们就能在心态上更加坦然地面对挫折、迎接挑战。

吸取教训，总结经验

对于学习中遇到的挫折，我们应当善于利用它们，总结经验，吸取教训，才能让我们走得更稳。

（一）错题本：学会正视错误

对于平时做错的题目，大家一定要善于利用错题本来总结。最好给每个学科准备一个不同的本子，也可以用活页本的形式，方便平时积累。

错题本上记录的题目一定是有价值的题目。可以记录自己作业中、考试中或者平时刷题的时候做错的题目，也可以整理那些自己做对了，但其实思路并不清楚，或者没有用最优解法来做的题目。再或者，一些很经典的、很有可能被反复拿出来考的题目，也值得我们记录在错题本上。

在整理错题的时候，千万不能限于把题目和正确答案照抄一遍就算结束。平常习惯这样整理错题的同学，一定要纠正自己的纠错方式。题目可以手抄，也可以复印试卷贴在错题本上，但是答案或者解题思路一定要抛开原来的试卷和自己的笔记，试着重新梳理一遍。这样，才算真正把这道题目吃透了，而不是简单充当试题的"搬运工"。

（二）写总结：积极审视自身

有些时候，老师会要求大家在每次考试后或者每学期结束之后写下这学期的总结，给自己这段时间的学习做一个复盘，画上一个圆满的句号。其实，写总结也是我们吸取教训、总结经验的好方法。

很多同学没有写总结的习惯，如果哪次考试失利了，就会在心理上对这次考试非常抗拒，不愿意去回顾，更有甚者把试卷藏起来、不想再看……对待挫折，一味逃避是没有用的。不如大大方方地把试卷拿出来，坦然面对那个自己不是特别满意的分数，写一份对自己这次考试的总结。这份总结，可以包括自己做得好的地方，当然最主要的还是分析自己做得不够好的地方。比如：考试前一天熬夜太晚，导致考试的时候精神状态不佳，没能发挥出自己最好的水平；前面的题目做得太慢，耽误了太多时间，导致后面有些大题没有时间做了，其实这些题目并不难，如果时间充裕的话是肯定能做出来的；有不少题目没有仔细看几个选项，或者审题不仔细，导致选错了答案……把这些原因分析透彻之后，我们下次考试才能避免再犯同样的错误，一次比一次做得更好。

调整定位，重新出发

克服挫折，还有一个很重要的做法是调整对自己的定位。什么叫定位？就是自己认为自己应该在班级里、年级里处于什么位置，应该考出什么成绩。这个定位，会相应地带来一些目标和对自己的预期。

但是，你的自我定位真的准确吗？要知道，很多时候，所谓挫折、沮丧、失望，都是因为给自己制订了太高的目标，这些目标其实并不是一蹴而就的，需要长期的积淀才能达成；有些甚至完全都是不切实际的。对自己没有清晰的认知，一旦没有达到自己预期的水平，就觉得仿佛天都塌了一样，这是非常有害的。

如果你也是这种情况，不妨重新调整一下定位。调整定位，不是鼓励大家不去制订高远的目标，而是要正确认识自己的水平。如果你在班级里长期是20-30名的水平，那么下次考试的目标可以是在保住20-30名的基础上尽量能有5-10名的进步；如果没有进步也不必气馁，因为至少也还在正常范围内波动。

03 拨开迷雾，迎接阳光

把精力集中于更有意义的事情上

不管是心里迷茫，还是遇到挫折，都会影响我们的学习状态。一旦学习状态不佳，效率也会一落千丈。如果学习效率变低了，虽然看起来我们和其他同学坐在同一个教室里，听着同样的课，做着同样的作业，但是真正吸收的知识却天差地别。

我的建议是：把精力集中于更有意义的事情上，而不要在迷茫的情绪中纠结太久。所谓"有意义"，并不一定非要刷题或者写作业，也可以是有助于自己走出阴霾、摆脱困扰的事情。比如，趁课间跑操的时候，喊一喊口号，宣泄一下自己压抑的情绪；再比如，可以在放学之后找同学朋友或者学长学姐出去喝杯咖啡或者散散步，聊一聊最近自己的学习状态，交流学习心得。有时候，适当的调节能够让我们更快地走出迷茫，加快前进的脚步。

监测自己的学习水平

落在实际行动中，大家可以学着监测自己的学习水平。我在高三的时候，一共参加过18次模拟考试，我把每次考试的各科试卷都收集起来装订在一起，每张试卷的最外面放一张白纸当作封面，在这张白纸上记录这次考试各科的成绩和排名，以及总的成绩和排名。另外，在所有试卷的最外面也设了一个总封面，把每次考试的名次用折线图的形式记录下来，每次看到，都能非常一目了然地知道自己高三以来的成绩排名是如何变化的。

类似地，大家也可以用自己喜欢的方式跟踪记录每次考试的成绩和排名变化。当被迷茫的情绪困住的时候，回头看看自己的学习之路，给自己打打气，朝着更高的目标努力；当遇到挫折的时候，也可以通过成绩记录的形式告诉自己：这次失利不过是一次小小的波动，长期来看我还是有足够大的潜力的。

具体怎么做呢？可以准备一个专门的本子，把自己每次考试的各科成绩和排名记录下来，一方面可以纵向对比，看看自己长期的成绩走势到底是怎么样的；另一方面可以横向对比，对比自己各个学科的表现，发现自己的强势学科和薄弱科目，从而更好地对症下药，不再迷茫困惑。

保持积极的心态

最后，请记得一定永远保持积极的心态。不管是迷茫无措，

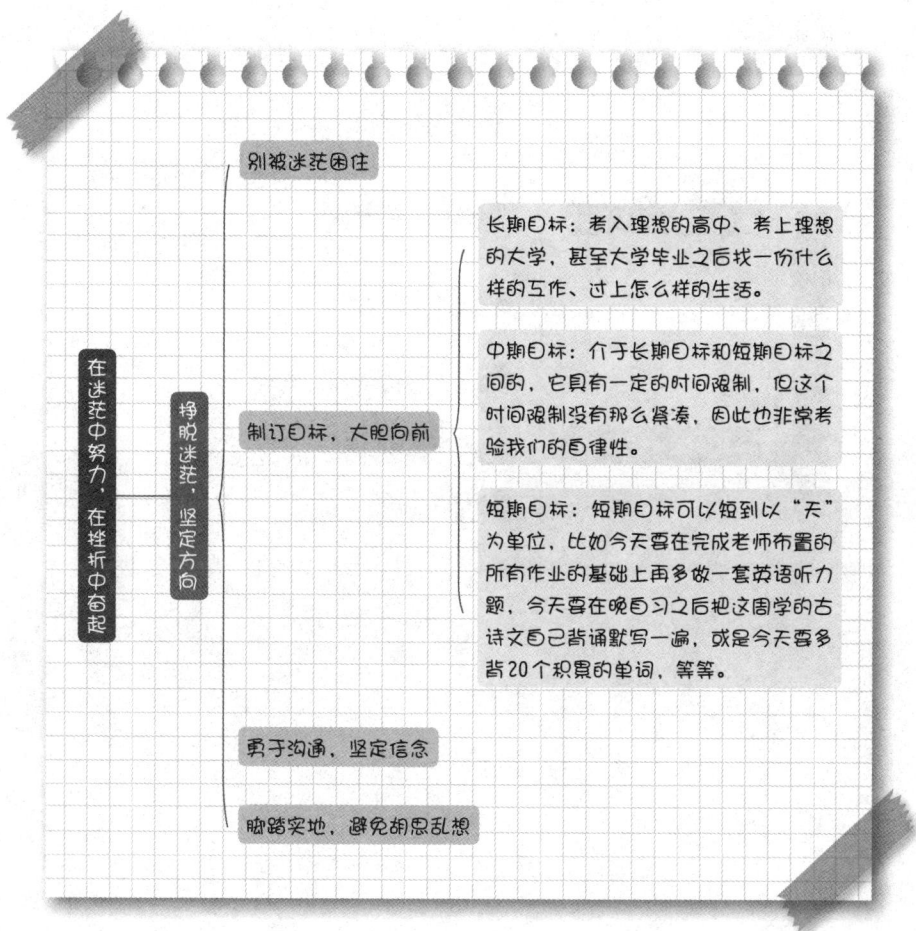

别被迷茫困住

长期目标： 考入理想的高中、考上理想的大学，甚至大学毕业之后找一份什么样的工作、过上怎么样的生活。

中期目标： 介于长期目标和短期目标之间的，它具有一定的时间限制，但这个时间限制没有那么紧凑，因此也非常考验我们的自律性。

短期目标： 短期目标可以短到以"天"为单位，比如今天要在完成老师布置的所有作业的基础上再多做一套英语听力题，今天要在晚自习之后把这周学的古诗文自己背诵默写一遍，或是今天要多背20个积累的单词，等等。

在迷茫中努力，在挫折中奋起

挣脱迷茫，坚定方向

制订目标，大胆向前

勇于沟通，坚定信念

脚踏实地，避免胡思乱想

还是遇到挫折，都不足以构成阻碍我们前进的理由，积极的心态永远可以帮助我们战胜路上的各种困难。不管遇到什么挫折，都不要失去对自己的信心，也不要失去对未来的希望，相信大家都能够拨开迷雾，迎接阳光！

失败乃成功之母

吸取教训，总结经验
错题本：学会正视错误
写总结：积极审视自身

调整定位，重新出发

直面挫折，迎头赶上

在迷茫中努力，在挫折中奋起

把精力集中于更有意义的事情上

监测自己的学习水平

保持积极的心态

拨开迷雾，迎接阳光

学霸阅读笔记

阅读打卡

新的收获

小 结

第三课
永不言弃，自信是逆袭的底气

01
产生自我怀疑的原因

初二的暑假，每一个同学都在紧张地准备着市里重点高中面向初二升初三学生的一次提前招生。成功了，不仅意味着你可以比其他同龄的孩子提早进入高中（还是市里最好的高中）学习，而且意味着你会成为市里最优秀的那前150名学生中的一员。无可厚非，这次提前招生对每一个参与者来说意义都是重大的，于我也不例外。

可是，当一张张提招考模拟试卷发下来，一次次面对几乎一题也不会写的无助，一天天看着日历上考试的日子慢慢逼近时，我的心开始感到从未有过的慌乱。每个与试卷苦苦斗争的夜晚，我都问自己：你现在的水平真的够格去参加提招考试吗？曾经我的回答是那么的坚决，可是，在这一张张试卷面前，我开始犹疑，我真的不确定了，在某个瞬间，我甚至觉得我的能力就到这为止了吧。

现在回想，那大概是我那么多年学习生涯中，第一次对自己那么不自信。

先说这次提招考试的结果吧。结果是，我顺利考上了！在这中间，我想我必须感谢一个人——她就是我的好朋友。倒不是说她在我低谷的那十几天里给了我多少开导，相反，她甚至没有对我做出任何鼓励性的行为，但是，她实实在在地一点一点带我重新找回了自信的自己。

她虽然和我不是同班，但是也是参加提招考试的一员，我们每天一起进行考前补习、一起放学回家、一起讨论问题……就在我连连受挫、准备自暴自弃的时候，她每天依旧以积极的状态与我谈笑风生。每天的放学路上，我听不到她对试卷太难的叹息声，耳边充斥的满是她对于一天中发生的有趣点滴的嬉笑声。她的状态，仿佛自己面对的不是一场考试，而仅仅是一次游戏。

某一天，我好奇地问，为什么她从来不为即将到来的考试而烦恼。她只是愣了一下，便又像个没事人一样反问我：一次考试而已，实力在哪儿到考试结束那天总会见分晓，现在烦恼又有什么用呢？

是啊，我已经拿到了这场考试的入场券，我也尽力完成了每一次的辅导试卷，那么成败就交给时间来揭晓吧，现在有什么可焦虑的呢？

面对一次对于自己而言很重要的考试，紧张是每个人不可避免的情绪，更进一步，如果在考试前屡屡遭受失败，不自信也是难免的，可是我们要知道，你的实力是日积月累一点点攒起来的，它不会因为一次考试的失利或得利而起伏不定。既然如此，我们唯有放平心态，等待时间来检验它。不自信不可怕，可怕的是沉溺其中，让本该属于你的机会白白溜走。

02 用最原始的方式征服绝望的学科

提招考后的学习，难度和强度都显著提升，再加上身边的同学都曾经是各个学校的尖子生，大家不可避免地要分出高下。

初三刚开始，我们就新增了一门化学课。全新的课程，由于我在暑假也没有进行任何课前预习，导致刚开始的几堂课我完全处于摸不着头脑的状态，每次作业都是靠着同桌的帮助才得以完成。要知道，在初中，自己也是班级里学习数一数二的学生，从来都只有别人问我问题，几乎不存在我向别人请教题目的情况。可是，刚增设的化学课在一瞬间击溃了我的心理防线，我开始质疑自己学习新知识的能力，为什么别人能轻而易举完成的东西我却接受不了。某个课间，我诚恳地请教同桌为什么她这几节化学课学得如此轻松，可我到现在也没有理清楚化学这门课究竟在研究什么。我的同桌很惊讶地问我："你暑假的时候没有提前温课吗？"说实话，我有点惊讶。原来，选拔到这所学校的这些优秀学生很多都会在暑假利用休息时间去提前预习下学期的课程。这使一暑假都沉浸在考上提招的喜悦中、连作业都是胡乱完成的我，一下子羞愧难当。

我想，每个人在学习的过程中，都或多或少有过发现自己输在起跑线上的经历吧。

在我刚到这所高中时，这样的感觉几乎每一天都会加深一次，每一门课总会有一些同学在小学或初中，就已比自己多学了许多内容、多下了很多功夫。

刚开始，我会怨天尤人，总是在不切实际地幻想——自己如果之前就下了同等多的功夫，现在也不致学得如此吃力。可是，接连几天的怨天尤人之后，一件大事（对当时的我来说确实是大事）的发生，让我一下子清醒了过来。

那是班里组织的第一次化学考试。那一天的晚自习是化学老师坐班，考试试卷已经全部批改完，老师说："现在把试卷发下来给大家自己对照一下，这次试卷比较基础，大家考得都还不错。"紧接着，老师开始让课代表分发试卷。我本来想佯装镇定地继续写自己的作业，可是拿笔的手已经开始微微颤抖，说实话，我对化学这门课是真的没有信心，学了这么久，脑海中还完全是一团糨糊。课代表将所有的试卷发完了，可是我仍然没有等到自己的。我当下隐隐担心了起来：难道真的是考得太差，试卷被扣下了？

所谓怕什么来什么，老师拿着寥寥几张试卷，一张一张地亲自将它们送到每一个人手里。果不其然，那就是班级倒数几名的试卷，其中就有我。老师把试卷递过来的时候，只说了一句话："学得不好，还要多下功夫。"

只有一句话，胜过所有批评，那是我人生第一次坐上班级倒数的位置，也是我永远不能忘记的一次。在此之前，我一直像一只把头埋在沙里的鸵鸟，纵使外面危险万千，可是仍然麻木地告诉自己，只要看不见，一切的危险都能当作不存在。可是，这张试卷一下子把我的脑袋从沙里拉了出来，危险就近在咫尺，你不愿意看，也得看！

是啊，我已经输在了起跑线上，可是那又能怎么样，我没有大雄的叮当猫，又不能穿越回到几个月前，去补上我落下的一切。此时此刻，发令枪已经打响，比赛已经开始，即使我再怎么想要退出都只能等到比赛结束被迫宣告失败才能结束这场竞技。

既然无法逃避，不如就从这一刻开始面对。

生活不是游戏，你没有权力暂停，没有权力重玩，你只有闷头向前，因为只有这样你才不会输得那么难看。

我要感谢那张试卷，给了我彻底的清醒。

当天晚上，我便拉着妈妈去书店买了两本化学教辅资料。我以前从没接触过这门学科，也不知道以什么方式来学习，那我就以最笨的、最原始的方式来开始这门课的学习。

从那一晚起，我开始从第一本教辅资料的第一页抄到第二本教辅资料的最后一页，或许听起来非常盲目和无趣，但是任何事情，坚持下来，都会收获意想不到的结果。

在之后的化学考试中，我的成绩稳定在班级前五名，并在下半学期被班主任钦点为化学课代表。

曾经让我头疼、让我绝望的学科，最终被我用最原始的方式征服了。

这个过程听起来或许很平淡，可是只有真正体会过坚持的人才知道，这中间有太多次的绝望、太多次的想放弃、太多次的质疑自己的方法是否有效，可是再多的犹疑，都敌不过坚持的力量、时间的力量。

每当因为输在起跑线或是课程不合意而迷茫绝望的时候，我也请你迅速地从怨天尤人中清醒过来，从即时即刻起，开始以自己的方式去尝试改变这种困境，只要你能够坚持，时间一定会给你不差的回报。

03
成绩下滑，找回自己的节奏

高一分班后，我理所当然地选择了理科，因为从小到大，我的文科实在是太薄弱了。可似乎是上帝和我作对，分班后的数学考试，一次差过一次，大考屡屡低于平均分，小考甚至徘徊于班级倒数。原班主任、现班主任、原数学老师、现数学老师，接二连三找我谈心，问我是不是最近状态不好，问我是不是不适应新班级……面对他们的发问，我无言以对。

每天晚上，躺在床上，我都问自己究竟怎么了，可是什么也问不出来，生活的方方面面都没有出现问题，可是成绩一落千丈。

当成绩的下滑不受到控制时，我不可避免地又开始怀疑自己，难道我的真实水平就是这个样子？莫非我曾经的成绩都是侥幸所得？莫非我的实力其实配不上这个班级？

无助、迷茫、压抑像乌云般向我涌来……

可是我越是迷茫、越是怀疑自己，成绩就越是不受控制地下滑。于是，我选择请假，用一个晚自习的时间，我希望自己冷静冷静，好好想想接下来该做些什么……

那天晚上，父母和我聊了很多，甚至打电话给我的好朋友让她来开导我，几乎所有人都告诉我同样的一句话："别给自己压力，无论你做成什么样，你在我们心中都是最棒的。"

我回想自己的每一次考试状态，是的，自从知道了自己成绩下滑，我便不由得在每次考前都紧张分分，每次遇到题目都迟疑地不敢下笔，生怕自己又在某个细节上出了差错导致全盘皆失，或许我该像他们说的一样，给自己减减负。

经过一个晚上的冷静，我开始尝试找回自己的节奏，虽然过程起起伏伏，但是最终总算稳稳当当地回到了原来的水平。

就这样在恍恍惚惚中，高一高二过去了。

04 永不言弃才是正解

凡是经历过高考的学生都知道，高三的强压对于一个人几乎是触及灵魂似的考验。

而我，也算是在这考验中历经磨难了。

从高三最初的领先，到逐渐落后，在这关键的时期，无疑是对我的又一次致命的打击。

高考前的最后一次模考大概是我这辈子都不会忘记的。老师说："这次考试会相对简单，为的是给大家提升自信。"可是，世事大概就是这么弄人，最后一次模考恰恰是我整个高三的谷底：英语接近班级倒数，语文一如既往的倒数，数学也只是与平均分持平。在距离高考只有半个月的时候，在这样的大型考试中，出现优势科目发挥不出来、薄弱科目几近低谷的现象，着实是让人崩溃的。

半个月，这么短的时间，我还能做什么？

所幸，这次我冷静得非常快，我迅速选择以语文作为最后阶段的主要突破点，相应地对数学、英语只分配基础时间。

最后的高考成绩证明，我的选择是正确的，高考语文我以130分的成绩位列班级第三名，这与我曾经连平均分都到不了相比，无疑是巨大的提升。

也许时间很紧、任务很重，可是一味的慌乱又能改变得了什么呢？越是这种时候，越是要保持冷静，在最短的时间找到最佳的方案。唯有此，才有可能让自己走向最好的结局。

在漫漫学习生涯中，谁不曾迷茫？谁不曾绝望？谁不曾在时间的压迫中崩溃？可是多少人选择了沉沦，选择自甘被时间打败……更可笑的是，基于此而失败的他们总喜欢将这失败归因于外在世界。但是，想要冲破平庸的我们，唯有在这样的逆境下保持冷静的头脑，寻求这困境的最优解，才有机会在芸芸众生中脱颖而出，成为令人敬仰的佼佼者。

没有什么困境是无解的命题，唯有自我放弃才是无解的。

实力是日积月累一点点攒出来的，不会因为一次考试的失利或得利起伏不定，唯有放平心态，等时间来检验它

永不言弃：自信是逆袭的底气

初中提招考试，第一次不自信 — 好朋友的鼓励帮助我走出消极的心态

进入高中，化学输在起跑线上
- 班级第一次化学考试，倒数名次
- 下定决心，把教辅资料从头抄到尾，最终将成绩稳定在班级前五

父母和朋友的鼓励，帮助我找回自己的节奏，回到了原来的水平

分科后的全盘崩盘 — 数学考试，一次差过一次，甚至徘徊于班级倒数

迅速选择语文为突破点，成功破解

高三从领先到落后 — 高考前的最后一次模考，成为我整个高三的谷底

学霸阅读笔记

阅读打卡

新的收获

小 结

第四课
反思优化，改错就是成功的过程

01
从浑浑噩噩到幡然醒悟

从小，老师就说我是个踏实勤奋的好孩子，在旁人的引导下，我心中也就逐渐产生了一个清北梦。然而这个梦正如雨后的彩虹，也像深夜的昙花，在一段的绚烂后再也难寻踪影。在各种因素的影响下，我渐渐忘却了曾有的梦想，变得精明而懒惰，不再像以前那般勤奋踏实了。

小学五、六年级贪玩成绩下滑的我，侥幸通过选拔进入了本地重点高中的直升班，所以我想当然地认为中考升入重点高中也没有问题，从此便更加松散怠惰。我常常抱着侥幸心理，趁父母不在家时偷偷玩电脑。为了不被发现，我对父母的脚步声有着极其敏锐的感知，也逐渐形成了编谎话不露马脚的"能力"。家里玩不到的时候就跑去学校教室偷偷玩，有次和几个朋友一起打闹，大家进进出出地就忘了关门，结果被老师抓个正着。每个周末我还会和好朋友一起疯跑，走遍城区各处。至于作业，我常常敷衍了事，课外学习之类的就更别提了，对待学习比小学还要不认真，学习成绩下滑严重而且常常摇摆不定。

这样浑浑噩噩的日子一直持续到初三的某一天，老师突然神秘兮兮地叫了十来个同学去办公室商量某些事情，后来我多方打听，才知道原来是老师觉得他们有考上清华北大的潜力，帮助他们做高中三年的学习规划，听到这个消息我惊讶于自己不在名单之列。也是，初二、初三下滑的成绩自然难以让我进入老师的视野，我开始有些嫉妒，但也立刻醒悟过来，暗下决心要让他们后悔当时的选择，心中的清北梦逐渐复苏。

有时候自己的定位认知确实会对学习产生潜移默化的影响，以前我没有什么目标，整日浑浑噩噩地学习，成绩当然不怎么样。幸好我及时认识到自己不能继续得过且过地生活，开始为了自己的幸福人生努力奋斗。也希望大家能够早日制订适合自己的目标，然后朝着它努力。

02 文理分科，另择殊途

上了高中，原来一个年级百人不到变成了一个年级上千人，加上课业难度的增加以及周围人对高考竞争激烈程度的强调，我也更加紧张起来，经常后悔自己初中没有好好努力，开始重拾以前脚踏实地的学习态度，认真对待老师布置的作业，充分运用课后时间学习。

然而，或许是班上的大神太过于聪明，或许是他们不仅有扎实的基础且从未停止努力，我始终突破不了前几名的瓶颈，也渐渐地开始怀疑自己曾经的梦想是否还有实现的可能。

就在这时，眼前出现了一个机会——高一上学期快结束的时候，老师开始酝酿文理分班的事情。当时我的兴趣主要集中在理科上，然而从几年前开始，我们学校的理科都考得不太理想，文科却喜报连连。在这样的背景下学校逐渐有了劝尖子班学生读文科的趋势。我之前对这些也只是略有耳闻，但那一天几个老师像约定好了似的，对我进行高强度的劝说，一波又一波的劝诫让我难以反驳，他们还说我有考上北大的潜力，让我颇为心动。确实，我也感觉到自己部分理科的思维能力和视野比班上有些同学差了不少。那几天我静下心来，经过再三的斟酌与对比，虽然自己对理科的兴趣更为浓厚，但同时觉得文科也是颇有意思的，而且就从实际出发，读文科进入清北的机会要比读理科大得多，所以最终我还是选择了文科，也算是抓住了一个难得的好机会吧。

进入文科小班以后，我日益受到老师的关注，越来越向往着自己能考上清华北大，学习也更加认真踏实起来。高二上学期的时候，老师让我和几个文科同学一起与我们这届的理科生参加数学竞赛，这些理科班的同学几乎比我们早了一年开始学习，所以大家压力山大，和我一起的一些文科同学有的后来退出了，有的偷工减料应付老师的任务，而我在这方面却饶有兴味。接触一段时间后，我发现他们在数学上很有天赋，为了缩小差距，我只能比他们更加努力，甚至中午放学了，我都舍不得回家，仍留在学校做题。回头看看当时一个月只休息半天（甚至比高三放假还少）的日子，非常感慨当时的付出，最后我终于成功挤进了中上水平的成绩梯队中。

后来我也延续了这种几乎不放假的学习模式，即使放假的时候，因为在家里很容易分心，效率很低，我也往往会去学校自习。也许我的经历比较特殊，但还是很留恋那个时候非常专注认真的自己，也非常感谢参加竞赛让我能更加专注和踏实。

03
苦中作乐，自我反思

因为高二花了很多精力在竞赛上的缘故，平常的学业确实落下了不少，进入高三以后，我在很多方面都面临着前所未有的挑战。

高三，一个很强的对手出现了。他真的非常聪明、学习效率很高，我学习的时间比他要多，以前成绩也比他好，为什么他比以前努力之后就能一下子超越我呢？我心里很不是滋味，有时候问他一些问题，他不认真回答的态度也让我心生不满。一直难以超越他，久而久之，我竟从一开始的失落渐渐释然。此外，高三时我的成绩很不稳定，有时候能考年级第二，有时候只能考年级第二十。一开始我也是患得患失，担心自己最后不能发挥得很好，但后来也学会了慢慢调整，算是采取了底线思维的做法吧，不再关注每次成绩的好坏，而是希望自己能够发现自己的问题。至于考上什么大学，能上一个比较好的985高校保底就可以了。但是这并不等于自我懈怠，我还是在争取，尽自己最大努力，只希望在这过程中不要留有遗憾、不会后悔，至于结果如何，当时就抱着一种随遇而安的态度了。

高三我还陷入了语文总考不好的困境。其中一次考试，语文成绩竟然比上一次下降了整整45分，从语文单科成绩年级第一直接下降到不及格，我经常以此自嘲。而循环往复的高三语文学习，让越发重视效率的我非常无奈……我逐渐明白，这样的现状不是一时就可以扭转的，如不试着去适应、去接受，最终吃亏的还是自己。

高三确实过得十分辛苦，但我尽力地去发掘它的乐趣，苦中作乐调节自己：在做题中发现了很多自己以前忽略的地方，为自己学到了新知识而开心；经常拿着做错的文综题目蒙着答案让同学和老师答，答对了就惊讶求教一番，同学答错了就戏谑一番……在学习过程中我也体会到了一些学科独特之美，学习兴趣并没有因为重复过多而减弱。老师也难得地把一个晚上空出来让我们举办一些自己组织的活动。

那时，我还提倡在班里选一些各门学科上最厉害的同学组成一个小组，当然如果有一个同学同时擅长多门学科可以轮着挑一门，大家写一写自己独到的心得体会或者分享珍藏的易错题集，打印出来给全班同学共享，我们每个人的收获都很大，老师也不时给我们提供一些宝贵意见。

这个时候我更加学会了如何优化和反思自己的学习方法和规划。根据老师的复习进度和各次考试反映出来的若干问题，不断调整自己的复习计划。同时也不断调整自己每天的作息时间，每天在早上去学校的路上都会把一天的任务大致规划好，一般我会在最累的第二节晚自习去找老师问问题，放松一下自己紧绷的神经，在课间的时候和同学讨论问题或者做一些能在课间完成、对答案并纠错的小题等。

还有一点是研究高考题，文综有一些题目和答案有一定的延续性，我前后把十年来的高考题平均做了三到四遍，每一次间隔几个月再做一次的时候，往往都能够有新的收获，甚至能很有成就感地发现并总结出一点点规律，也并不会觉得枯燥。

回顾高中时光，有以下几点我很想分享给大家。首先，要有一个清晰坚定的目标，这样在学习过程中遇到困难的时候也会更容易克服，不会轻易迷失方向。其次，还要在学习中找到一些乐趣，自己找不到的话可以在与同学和老师的交谈中尝试着寻找，这样在长时间学习的过程中既不会太枯燥，也会引导着你做一些更深的思考和更广泛的涉猎。再次，尽量避免外来诱惑，提高自制力，学习时尽量选择一个能让自己安心学习的环境，这样在学习的过程中也不会分心，学习的持续时间也会更长；当然过一段时间还是要放松一下，就当是奖励一下自己吧，但建议不要选择玩游戏这样比较容易上瘾的放松方式，我一般都是选择和好朋友吃顿美食或者看场电影。最后，还要保持一种积极向上而又看淡结果的良好心态，考试前要多注意休息等。

在备考北大的过程中，我一直觉得自己并不比别人聪明，也没有什么特别高效和普适性的学习方法，而且我始终认为大多数人学习不好主要是因为学习投入不足而不是学习方法不对，端正的学习态度和大量投入才是学好的前提。在此基础上，在反思自我和借鉴他人中改进自己，坚守初心，坦然面对学习中的坎坷，要坚信自己的努力不会白费！

反思优化·改错就是成功的过程

幡然醒悟
- 浑浑噩噩，懒惰敷衍，成绩下滑
- 初三受到打击，清北梦复苏

要树立一个清晰坚定、适合自己的目标！

另择蹊途
- 课业难度增加，突破不了瓶颈→怀疑自己
- 抓住文理分班的机会→从实际出发
- 进入文科班后更加认真踏实→不放假的学习模式

选择能够安心学习的环境、避免外界诱惑、提高自制力！

心境
- 强劲对手，一直难以超越→从失落到释然
- 成绩不稳定，患得患失→采取底线思维，慢慢调整
- 尽最大努力，过程不留遗憾，对结果随遇而安

保持积极向上且看淡结果的良好心态，考前多注意休息

苦中作乐

乐趣
- 高三语文成绩一降再降，负面情绪直接作用我的成绩
- 为学到新知识或看到曾忽略的地方而开心
- 小组学习：分享错题集、心得体会，共同进步

在学习中找到乐趣，尝试和老师、同学交谈，从而不感到枯燥，做更深层次的思考

规划
- 根据实际问题适时调整复习计划和作息
- 研究高考题

学霸阅读笔记

阅读打卡

新的收获

小 结

2

自我管理，高效学习完成自我超越

    我们最强劲的敌人竟然是自己，不错，一个能管控自我的人，才能做到高效学习，实现自我超越。如果我们连自己都无法管控，可想而知，我们还如何在有限的时间提升自己的学习成绩。自我管理要求我们对自己的目标、思想、心理和行为等表现进行有效管理。

第五课
制订目标是高效学习的基础

01 认清自我，明确目标

我来自河北省，一个以衡中闻名的高考大省，但我不是那个超级中学中的一员。中考成绩虽然优异，但因为恋家，我放弃了外出求学的机会，选择在小县城里上高中，清苑一中，一个旁人基本不可能听说过的学校。叹惋，是很多人对我的选择的态度。初中时要好的玩伴，一个去了石家庄二中感受帝二风采（帝二是二中的趣称），一个去了衡水三中头戴光环。高中三年的寒假聚餐，我多少能感受到帝二同学话语内外的优越。衡中的好友，干脆和我断了联系。我每个月都与帝二同学通信，只不过"身份"上，显得人是嫡子，我乃庶出而已。这种自卑持续了整整三年，当高考分数公布的时候，我想，我们都对命运有了新的理解，体会到了造化弄人。

我的高考成绩是707分，一个至今让我不敢相信的数字。但它把我送到了这里，让我有能力在清华李文正馆的三楼敲下这些字句。如果你想知道我的成绩，我可以清晰地从记忆中摘取那些数字：136、150、143、278，这就是我的三年成果。但我更想，让你来听听数字背后我的故事。

中考全区第六的成绩，足以让我在这个县级高中立足。在2015届的开学典礼上，作为优秀学生代表的我接受了学校3000元的奖励。当站在主席台上俯视操场上密集的人群时，我已经可以预见到，以后的每个学期，我都会站在这里接受众人的艳羡目光。那时的我意气风发，无所畏惧，在我眼里，我在这个学校没有对手。毕竟，那些让我自卑的人，都离开了这个弹丸之地，去寻找更广阔的天空了。我自卑和自负的交织，从那一刻起，开始了。

我是刻苦的。我没有休息过一个假期。

我会在暑假和寒假把下学期的全部知识都预习完，并把相关的全解类教辅也写得密密麻麻。这让我在高一的入学考试中，就以领先第二名67分的巨大分差夺得榜首。从那时起，高一年级都记住了我的名字，好事的外班学生还会来我们班级门口探头探脑，互相窃窃私语："看啊，那个就是第一。"那个炎热的夏日尾巴，我的自满达到了顶峰。在之后的月考、期中、期末大大小小的考试中，我再也不关注排名，毕竟我永远是第一，偶尔让我好奇的只有这次又甩了第二名多少分而已。隔绝外界，不闻其他，小山无老虎，猴子便狂妄。但猴子也是需要为此付出代价的，我连吃饭都是奔跑向食堂的，我怕人说我不努力，我怕那些莫须有的流言蜚语，我独来独往，不与人交谈，我显得遗世独立，偶尔去接水，走路高傲如天鹅般，昂颈穿梭在那些同班一年我都叫不上名字的同学间。

直到高一下学期那场4月底的考试，我的骄傲变得不堪一击。

那时我已经发了两天的烧，但我没告诉任何人。即使父母每天关怀我，让我预防感冒，老师叮嘱我注意休息，但脸色不好的我还是沉默着。因为我怕回家，怕中断在学校的学习，毕竟4月的考试，是一次大型的联考，我不想有任何闪失。终究事与愿违，在那场考试中，我以2分之差落败，成为第二名。放榜那天下午就是全校五四青年节会演，大家一片欢声笑语，我却躲在教室的角落写着类似遗书的东西，我觉得，天塌了。

自古就有少年"为赋新词强说愁"之谈，我有时觉得，也不然。那些在成年人眼中微不足道的烦恼、无病呻吟的慨叹，在那个小小的世界里，就是少年脊梁上的稻草。没有经历过挫折和风浪，稍稍的失意对少年的影响会被放大无数倍。很多事，只有走过了，才能在回首时云淡风轻。只不过，成年人往往会选择性忘记自己"强说愁"的少年时光。

那天通向六楼天台的门没锁，我泪眼婆娑地向上走时，却被一个值周的同学从身后叫住："嘿！你哪个班的？怎么没去看会演！扣分！"他没认出我，因为这个哭肿了眼、身形佝偻的女孩实在不是他们平时津津乐道的那个人，但我们班主任认出了我，她走上前一把把我护在怀里，扭头冲值周同学说："你不要记，她生病了，我让她上来休息。"

那天班主任陪我转遍了整个校园。我第一次知道，学校种着樱桃、山楂、石榴树，开满了玫瑰、月季、芍药花，丁香、玉兰的香气弥漫，我的泪痕也渐渐风干。我向老师讲起面对初中好友的自卑，讲起自满的破碎，讲起这次失利对我的打击，讲起我害怕别人看法的转变。瘦小的班主任不善言谈，只是坚定有力地告诉我："你要先成为你自己，认可自己的优秀。"路上碰见其他老师面沐春风的招呼："谭老师，领你家女儿转？"班主任不置可否地笑答："可不是，换换心情。"班主任的女儿和我一般大，平心而论，高中三年，班主任待我如己出，付出的心血比我妈妈还多。

已经忘记那天的我是怎么回家的，只记得我第一次知道了，我是我自己，要为自己而活，而不是为了那些让我自卑或自负的外界而活。我只求问心无愧。

以后，我动不动就流泪的本性从未变过，但也知道了哪里是包容我脆弱的温暖港湾。

升高二的暑假，我第一次开始思考，我的付出是为了什么。

在填目标志愿的单子上，我郑重地写下了：清华大学。

02 目标的实现不是纸上谈兵

如果定下目标不去实现，那就是空洞的纸上谈兵，是无意义的信口开河。我开始剖析自己，如何能穿过漫漫书海题海，一叶扁舟到那山。

语文和英语是我的强项，理科却时好时坏，在学校里小打小闹对付简单题目可以，一旦遇到联考题出难了，我就难以应对。保住语文英语的优势，提高自己做数学、物理压轴题的能力，生物、化学不再粗心，我才能冲击更高的目标。

在我理性地跟妈妈分析时，她正在吃煎鸡蛋，外酥里嫩、香喷喷的鸡蛋吸引着她的绝大部分注意力，"好，分析出来对症下药就好了。"她边吃边说，"这煎鸡蛋流黄，香！"我对她的不以为意有些不满，"那你不得做我背后的推手吗？""我能怎么帮你啊？我就一小学数学老师，你学的那些我早就跟不上了。"妈妈又夹起一片馒头片，"这个也脆，也香，快吃！"我稍一思索，想到最近作文向时评文倾斜的新趋势，冒出了一个想法："不如，你每天筛选两篇《人民日报》的优秀时评文给我看，作为素材积累？"妈妈倒也答应得爽快："得，没问题。有求必应。"

当我毕业整理物品，收拾出那半米多高的A4纸时，妈妈和我都笑着感慨，没想到早餐桌上的几句话成为这么长久的承诺。妈妈当真每天打印两篇时评晚上放学给我，比我还持之以恒。正是这，造就了高考时满分的成绩；整个高三我的作文对他人都形成质的碾压；在无竞赛条件下，拿到了"语文报杯"省级一等奖。我会忘记那么多次纷杂的作文题目，但满分高考作文我能骄傲半生，且有这份素养伴随着我，会为我今后的人生带来偌大裨益。

明确目标之后的我，不再是单打独斗的个人战斗。但这不能让我一帆风顺，生活还是起起伏伏。每次失落、伤心、流泪时，我都躲进教室对面的办公室，数学老师像安抚受伤小兽一样摸着我的头，让我哭个够。班主任的休息室也向我敞开，房间柜子的一角甚至专门放着缓解我痛经的红糖和暖贴。我还是脆弱的，但不再无助，我也渐渐和同学打成一片，融入了集体。当时我们班级还有一个很有意思的测试，就是看我能不能叫对某一个同学的名字，他们常常戏称我是鱼的记忆，只不过，是一只沙雕鱼。还是会有外班同学来班门口看我，这时门口的朋友总会大笑着说："一只沙雕鱼有什么好看的。"我俨然成为快乐的符号，还会大叫着："我是好看的！"

我越来越相信运气守恒论，每一次接受不理想的成绩时，我都会安慰自己——这是在为高考积攒好运。所以，即使我一模、二模、三模只有六百四五十分，全市排名最坏时曾掉到70名，我也能做到快活地跟年级主任打趣："如果我高考一飞冲天了，记得把我的故事讲得励志一点。"毕竟，在我们那儿这个分数和排名只允许我上一个一般的211大学而已。"北京外国语！"我学会了笑着回应，但只有自己知晓，我的快乐是肤浅的表象，只是配合旁人的出演，我依旧是那个要强的姑娘，屏住一口气，一定要活出个样子。嘻嘻哈哈的外表下，那个内心的信念从不曾熄灭过，我每天抚摸桌上的话：孜孜矻矻岂肯休。

　　清华的自主招生，我没有通过笔试，这是意料之内的。我没有资本去和竞赛大佬竞争，但清华给了我赴京的初试资格，已经是一种莫大的鼓舞，这是一种理想对我的肯定。我是认定了的，我一定要上清华；我是相信的，我一定会上清华。我会通过最普通的高考，登顶自己18岁的巅峰。

　　但这是理想，不是现实。直到放榜查分的那一刻，我都没有十足的把握，说自己能成为那个实现目标的幸运儿。我不敢面对，我怕功亏一篑，我怕努力付之东流。轻松和庆功是事后的话了，当时的我只有紧张和畏惧。但庆幸的是，运气真的守恒，我真的做到了。最后一次回学校时，碰到年级主任，他笑着拍拍我的肩："可有意思了，数学办公室都在问那个清华的学生是不是天天来我们这儿哭的姑娘。"那时的我终于如释重负："那就是呗。"我打趣时带着轻松的微笑。

蔡其矫有言："宁做沥血歌唱的鸟，不做沉默无声的鱼。"一路走来，我和我的老师、父母都有一股韧劲、一种不达目的不罢休的决绝。在温暖和泪水交织中，我想，我终于成为我自己，我赢得了认可。这种认可不再来源于他人，而是自己内心的坚定。不再因为一次失败而惶恐不安，不再因为细枝末节患得患失，不再用别人的目光和标准去衡量自己，我赢得的是对自身的认可。

值得一提的是，我的衡中好友最终去了天津大学，帝二好友因3分之差成了复旦的一员，令人唏嘘出身并不能决定结局。当然，考上大学不是解脱，而是一个新的起点。不论归宿何处，每个人都会有绚烂多彩的新生活。只不过，在那个盛夏，我终于摆脱了长达三年的自卑和阴影。我会在北京开始新的未卜篇章，即使道阻且长。

我终于又变回了那个意气风发的少年，在水清木秀的清华园。

中考全区第六，高中第一次考试就以领先第二名67分
的巨大分差夺得榜首，并在之后大大小小的考试中一直
保持第一

认清自我，明确
目标

制订目标是高效学习的基础

一次大型联考，
我以2分之差落
败，成了第二名

班主任的鼓励："你
要先成为你自己，
认可自己的优秀。"

为自己设
立目标：
清华大学

目标的实现不是
纸上谈兵

剖析自己，穿过漫漫书海题海，一叶扁舟到那山

明确目标后的我
不再是单打独斗

家庭：妈妈每天帮我打印2篇时评
作为素材

老师：每次我失落、伤心时，老师
总会给我安慰

同学：渐渐和同学打成一片

学霸阅读笔记

阅读打卡

新的收获

小 结

第六课
制订合理的学习计划需四个步骤

01 制订学习计划前的准备工作

在学习的时候，制订一个适合自己的学习计划是十分重要的。但要知道，只有准备工作做得好，才能制订出适合的、科学的学习计划。那么在制订学习计划之前，要做好哪些准备呢？

首先，要进行自我分析。我们每天都在学习，有的同学可能从未思考过自己是怎样学习的，而我不同，在每次制订计划前，都会对自身进行分析，这是一个尤其重要的环节。具体分析以下几个方面。第一，分析自己的学习特点，回顾一下自己的学习情况。人与人的学习特点不一样，所以对知识掌握程度也是不一样的。有的人理解能力强，老师说一遍就能听懂，有的人行动慢却很仔细。在数学学习过程中，理解能力强的人，应用题学习能力较好；擅长口算的人，记忆力较好。第二，对自己进行准确定位。与全班同学比较，确定自己数学成绩在班级中的位置，自己属于"好、较好、中、较差、差"中的哪一种；将自己现在的成绩与以往成绩进行对比，审视自己学习成绩是否有进步。

其次，明确目标。在制订学习计划之前，要清楚我们是为了达到怎样的目的。是为了提高某一学科的成绩，还是为了养成良好的学习习惯达到自我督促的目的。根据不同的目标，我们可以制订不同的学习计划。

如果我们不知道自己的目标是什么，那么制订出来的学习计划往往是空洞的，甚至是毫无价值的。因此，在制订的过程中，我们需要先明确自己的学习计划。

除此之外，对近期的学习内容要有所了解。我在制订目标之前，会十分注重对近期学习内容总量的了解。比如，我要制订月学习计划，那么我就需要先了解这个月每个学科可能会学到哪些知识，再针对知识的多少，或者每天学习内容的多少来做规划。

最后，把握学习重点。制订学习计划前，要对自己一天或一周的学习内容进行思考，了解哪些知识是重要的、哪些知识是次要的。在这个过程中，我擅长运用四象限记录法，这种方法会将一天或者一个时间段的任务量进行分解，从而让自己很清楚地了解哪些知识是重要的，哪些知识是次要的。

如图所示：

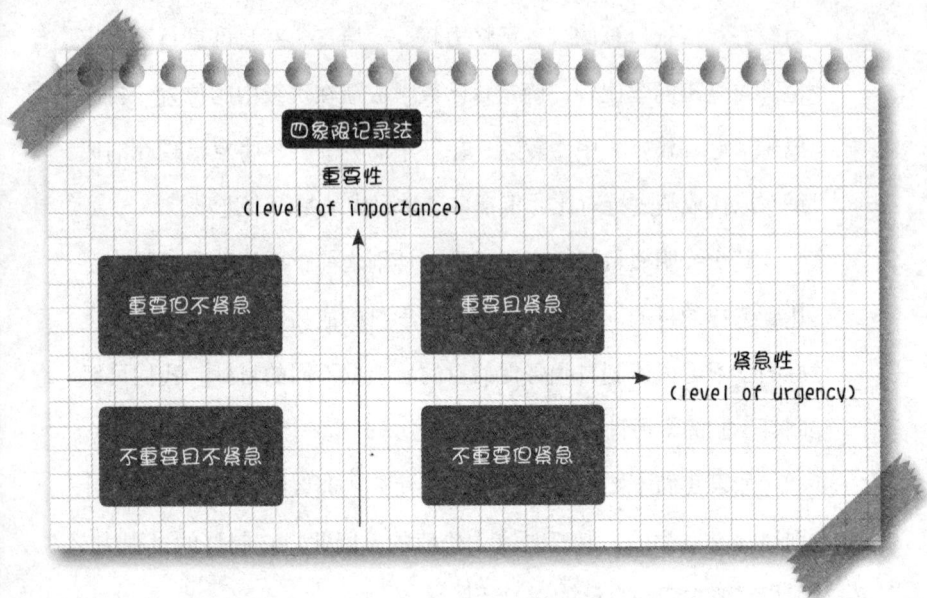

四象限记录法

重要性
(level of importance)

重要但不紧急

重要且紧急

紧急性
(level of urgency)

不重要且不紧急

不重要但紧急

可以说，任何计划的制订都不是盲目的，也不是毫无目的的。因此，我们制订的学习计划一定要是适合自己的。要想做出适合自己的学习计划，就一定要提前做好准备工作，只有准备工作到位，才能保证自己制订的学习计划具有可操作性。

02
制订科学的学习计划

凡事预则立，不预则废。做事情之前，有了计划，就很容易取得好的结果，反之，则不然。我们在学习的过程中亦是如此，要想高效学习，就应该制订出科学的学习计划，计划科学合理才能保证在有限的学习时间内，完成自己的学习任务。那么，怎样制订科学合理的学习计划呢？

首先，计划要全面。思想、学习、身体是相互影响的。在计划时，一定要兼顾三个方面。

计划里除了有学习的时间外，还应当有进行社会工作、为集体服务的时间；有保证睡眠的时间；有娱乐活动的时间。计划里不能只有三件事：吃饭、睡觉和学习。如果计划真是这样，那么这个计划就是片面的、不科学的。

其次，安排好常规学习时间和自由学习时间。常规学习时间就是按学校规定的学习时间，主要用来完成老师当天布置的学习任务，"消化"当天所学的知识。自由学习时间，是指完成了老师布置的学习任务以后所剩下的归自己支配的学习时间。在自由支配的时间内，一般可做两件事：补课和提高。补课，是指弥补自己学习中的欠缺；提高是指深入钻研，发展自己的优势和特长。

自由学习时间应当成为制订学习计划的重点部分。我们一旦抓住了自由学习时间，将会给自己的学习和成长带来极大的好处。所以，我们应当努力提高常规学习时间的效率，增加自由学习时间，使学习的主动权掌握在自己的手里。

再次，制订长计划和短安排。在一个比较长的时间内，究竟干些什么，应当有个大致计划。例如，一个学期、一个学年应该有个长计划。但是实际学习生活变化很多，又往往无法预测，故长计划不可太具体。但这个学期或这个学年要解决哪几个问题，心中应该有数。短安排中，每一星期干什么要具体些，每天干什么也应当更具体些。这样把一较大的任务分配到每周、每天去完成，使长计划中的任务逐步得到实现。长计划是明确学习目标，大致安排；短安排是具体的行动计划。所以，有长计划，还要有短安排。有长计划，没短安排，长计划要实现的目标则不容易达到。

最后，制订计划要突出重点，不要平均使用力量。学习时间是有限的，学习内容是无限的，所以必须有重点，要保证重点，兼顾一般。所谓重点：一是指自己学习中的弱科，二是指知识体系中的重点内容。订计划时，一定要集中时间、集中精力来攻下重点。

03
执行学习计划

学习计划的重要性不言而喻。在学习过程中，有的同学不制订学习计划，有的同学制订的学习计划不切合实际，有的同学制订了计划，却不去执行。

不制订学习计划的学生往往是被动的，虽然很忙，但是时间的利用率很低，经常会被各种紧急但是不重要的事情所打扰，比如作业、考试等，难以达到学习的全局性和高效率。

制订的计划不切合实际的同学，则是在制订计划的过程中雄心万丈，获得了极大的满足，但是由于计划的实际可操作性不大，导致弱于执行或执行不下去。

对于制订了详尽的计划，却不去执行的人来讲，他们虽然知道自己制订计划的意义是什么，但是却没有坚持计划的决心和恒心。

那么，我们要如何去执行学习计划呢？我以给数学这门学科制订计划为例。

首先，分析自己最近一张数学试卷，或者对自己的数学综合情况进行分析，这张试卷扣了多少分，哪些地方出错了，这张试卷反映了哪个知识点没学好，等等。

其次，自问，在下次考试前，我要将这个知识点学好，下次考试与这次间隔多久，假设两次考试相隔一周，我有多少时间去认真学习这个知识点。

再次，列出学好这个知识点的步骤，我们先看书几页到几页，再做课本上的练习题，然后看以前相关知识的错题。

最后，按照自己的作息时间，将以上这些步骤分布在自己的一周学习计划内。

通过这四步，一个有针对性的学习计划就制订出来了。这是微观的学习计划，宏观的学习计划步骤也是类似的，我们可以将最近的成绩和一个月后的目标值进行比较，根据差距制订属于自己的目标和时间分配计划。

　　有的同学也知道自己的学习计划是什么，但是在执行的过程中，却总是想要偷懒往往半途而废。同学们在每一个小计划完成后，不妨给自己一个小小的奖励，比如，在做完两个小时的题之后，我会奖励自己20分钟时间去打篮球；完成今天的计划，我给自己买一个爱吃的糖果；等等。我们在这里始终要强调满足感、成就感，只有我们从自己的行为中得到了满足，获得了成就，才能自觉主动地去执行计划。

04 计划完善与修正

　　在执行学习计划的过程中，我们可能会发现一些制订的计划存在问题。比如，计划每天花费2小时完成作业，却发现2小时的时间根本不够；计划用半小时去预习功课，却发现半小时的时间只够预习语文和英语，根本没时间再预习其他的功课。因此，在我们执行计划的过程中，发现自己的计划不够完善或者存在问题，就要及时去调整自己的计划，并进行修正。

我经常会用备忘录的形式，随时将自己学习计划中不完善的部分记录下来，用这种方式既能避免事后遗忘，也能提醒自己不要忘记修正。

我对自己的学习计划完善的方法进行了总结，主要是从以下几方面着手：

第一，对于时限性的学习计划。对于限时完成的内容，多次出现时间不足或时间宽松的情况，这就要根据实际情况进行调整和重新规划。比如，学习计划中，每天用半小时完成数学作业，而实际情况是每天需要花费1小时才能将数学作业做完，那么，从第二周开始，不妨制订一周1小时的数学作业计划。

第二，对于突变性的计划，我们要及时进行计划调整。比如，原本计划在晚饭后看电视，但是晚饭后，父亲要求自己去练字，因为自己的字迹太潦草，这个时候，就要调整自己当日的计划。

第三，根据学习情况的发展进行计划修正。比如，随着国家出台"双减"政策，暑假已没有补习班的课程，这个时候就要调整自己暑假的计划，将作业、自主学习当作计划的重点。

学习计划的制订并不是一成不变的，它需要能够根据社会的发展或者是自身学习状况的发展进行灵活调整，在调整和完善的过程中，坚持"实事求是"的原则，只有这样，学习计划才更有意义。

学霸阅读笔记

阅读打卡

新的收获

小　结

第七课
高效记忆从避免遗忘开始

　　我所认识的身边清北高效学习高手，每一个似乎都有一个好记性。我常想，这些学习高手是如何提高记忆力的呢？他们是有什么特殊的记忆方法吗？是大脑发达、天赋异禀从而记忆超群？我也的确会询问他们是否有能够传授的记忆秘籍，也学到了一些实用方法，但总感觉没有触及到记忆的本质。之后在我阅读了查理·芒格（美国的一位投资大师，巴菲特亦师亦友的合伙人）的系列著作后，受到他逆向思考方式和跨学科思维的启发，突然醒悟：如果想要学会高效记忆，为什么不先从了解遗忘开始？高效记忆其实就是在跟经常性遗忘做艰苦卓绝的斗争。试想，当你了解了遗忘后，你难道不会根据遗忘的弱点去击败它吗？

01
我们为何会遗忘？

心理学认为，识记过的内容在一定条件下不能或错误地恢复和提取都叫遗忘。而从信息加工的角度来说，遗忘就是信息提取不出或错误提取。记忆的生物学或者说物理基础是人的大脑，但记忆的效果还受到很多外界因素的影响，而最早对遗忘进行实验研究的是德国心理学家艾宾浩斯，他提出了著名的"遗忘曲线"。他以无意义音节为材料，依据保持效果，绘制了"遗忘曲线"。

这就是著名的艾宾浩斯遗忘曲线啦。

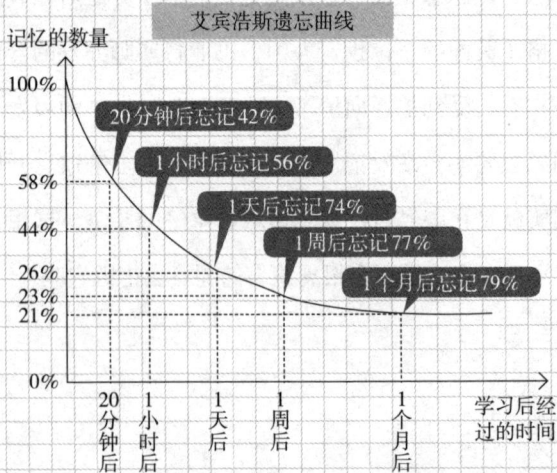

艾宾浩斯遗忘曲线

记忆的数量

100%

20分钟后忘记42%

1小时后忘记56%

58%

1天后忘记74%

44%

1周后忘记77%

26%
23%
21%

1个月后忘记79%

0%

20分钟后　1小时后　1天后　1周后　1个月后　学习后经过的时间

清华北大学习高手

这条曲线表明，遗忘的进程是不均衡的，其趋势是先快后慢、先多后少，呈负加速，并且到一定的程度就不再遗忘了。但这只是表明了遗忘的表象和规律，而为什么我们会遗忘，其背后的原因是什么呢？有很多学者去研究论证，提出了相对应的理论原因，我们可以通过分析这些理论，找寻其中的可取之处，从而获得相应的启示。

第一个是消退说，即遗忘是记忆痕迹得不到强化而逐渐衰弱，以致最后消退的结果。

那么根据这个理论，我们如果要克服遗忘，就需要不断地强化记忆痕迹，从而实现高效记忆，这也是很多高效记忆法都会提到的高频复习的可能原因之一。

第二个是干扰说，即遗忘是由于在学习和回忆之间受到其他刺激的干扰所致。

一旦干扰被排除，记忆就能恢复，而记忆痕迹不会消退。干扰说，简单地理解就是因为我们学习的东西太多，而且由于有前后顺序，那么不同时间学习的材料知识就会互相干扰，让我们混淆。同学们不妨回想下，在不同阶段记忆的大量内容，一旦我们开始回想，可能会最先回想起来近期背记的内容，但同时比这还早的记忆深处的知识点也会浮现出来，在这种情况，我们就可能会记错，这也是一种遗忘。这种理论其实启示我们，不同的背诵顺序和背诵材料内容，其实对我们的高效记忆也有特别重大的影响。

第三个是压抑（动机）说，即遗忘是由于情绪或动机的压抑作用引起的，如果压抑被解除，记忆就能恢复。

这个解释如果是真的，那么我们高效记忆的主观情绪也起作用，这就启示我们要调节好自己的情绪，在背记的时候专注、冷静，而不要焦虑急躁，这样可能会记忆得更深刻。

第四个是提取失败说。最常见的例子就是"舌尖现象"：有时候碰到一个人，明明知道对方的名字，但就是想不起来。遗忘发生是因为失去了检索知识的线索，或者检索错误了，而不是记忆消失了。

一旦有了正确的线索和刺激，我们还是能够回忆起来相应的知识点的。这段论述是否十分熟悉，跟我们经常使用的联想记忆法相类似，我们高效记忆的时候也喜欢寻找相关联的事物或者标注关键词跟我们要背记的内容联系起来，当我们想起关键词或者相关事物的时候，就能马上想起来对应的信息。

02 什么会影响遗忘？

通过上面这段，我们其实已经初步了解了遗忘的定义、特征、表现和原因，那么如果我们要避免遗忘、克服遗忘，应该如何做呢？勿庸置疑，我们要探究出什么会影响遗忘，什么活动或者事物能够让遗忘消除。所幸的是，经过漫长地探索，人们其实已经知道了很多影响遗忘的事物和活动。

首先是学习记忆对象或材料的性质

具体来说，就是有些记忆对象或材料比较好记，人们看了就不容易遗忘，这些好记的材料有不同的特性。譬如，有意义的材料比无意义的材料遗忘得慢（这可能是因为有意义的材料会产生更多的联想提示）；形象、直观的材料比抽象的材料遗忘得慢（可能是因为人眼和大脑的组织结构，偏好形象直观的事物，人们更喜欢图画、图标、漫画等表现形式，可能也是因为此）；比较长的、难度较大的材料遗忘快；材料的系列位置不同，保持效果也有差异；凡是能引起主体兴趣，符合主体需要、动机，激起主体强烈情绪，在主体的工作、学习、生活上具有重要意义的材料，一般不易遗忘，反之，则遗忘得快。

其次是记忆对象或材料的数量和学习程度

一般来说，记忆的东西越多越难记，学习程度不够越记不住。这很好理解，背长文难，也容易忘，背短文易，记忆也深刻；同时学习的程度不同也影响记忆效率，譬如实验证明，过度学习（即能够背诵之后再进行的学习）达到 50%，记忆效果最好，通俗讲就是把知识融会贯通，学到了一定水平，这时候记忆也比较好。

然后是记忆任务的长久性与重要性也影响我们遗忘的速率，

与之伴随的还有时间因素。

记忆的人物越长久、接触得越多，我们越容易记住，同时记忆的知识重要性越强，我们越重视，集中度越高，记忆得也越牢固。时间因素则是因为根据遗忘规律，记忆的最初阶段遗忘速度快，随后逐渐变慢。学习内容的保存量随时间而减少。

再次是识记的方法

譬如，以理解为基础的意义记忆比机械记忆的效果好得多。这其实也是说明了各种各样的记忆方法还是能起到一些效果的，最起码，通过方法的运用，我们能够把枯燥的背记变得有意义和更加能理解，这也能帮助我们记忆。

最后就是情绪和动机也能影响我们遗忘的情况

在遗忘的原因理论中，有压抑说的理论，这也侧面说明学习者的情绪和动机等也影响遗忘进程。学习者情绪差、动机弱、目的不明确都不利于记忆。

03 我们如何避免遗忘？

当我们了解了遗忘的原因和重点影响因素后，如何避免遗忘，获得高效记忆就有迹可循、有法可遵。下面主要根据我的学习经历和记忆经验，针对重点学科介绍自己的一些记忆方法。

语文知识有联系，善用联想记忆法

语文需要背记的材料往往是诗词歌赋、文言文等，它们具有非常强的逻辑和意思表达。从材料性质来看，它是比较好背记的内容，因为它是有内容和意义的。那么如何背记好语文知识点呢？我总结有5步法可以供大家参考。

第一步，通读数遍进行理解熟悉，对文中出现的重点事物和关键词进行记忆联想，并在脑海中呈现画面感；第二步，梳理出需要背诵的内容、段落，权衡下难易。如果是短小的绝句、古诗，能一口气背诵出来的，优先背记；把长段的，譬如《出师表》《岳阳楼记》等这类长文作为硬骨头放在后面啃；第三步，制订背诵计划，高频复习，同时区分难易程度给予不同的诵读次数；第四步，背诵时间，最好选一天中情绪比较饱满、心情比较好的时间，千万不要选你非常疲惫、思绪杂乱的时间段，那时候最好还是休息好，不要勉强自己。一般来说每天起床后、早自习、晚自习和晚上睡觉前都是我固定的记忆背诵时间；第五步，检查式背诵。到了初中，老师一般不会强制背记，但我们自己要养成主动阶段式检查的习惯，去检验自己的成果，否则一直背诵下去却不知道效果，就建立不起反馈机制了。

英语单词不枯燥，边用边学是王道

背过英语单词的同学可能都会有一个想法，那就是枯燥。很多英语单词书介绍了大量的譬如联想记忆、词根记忆等记忆方法，我认为这些都可以用，也是有助于大家记忆好相关单词的。

但从我个人的实践来看，帮助我高效记忆单词最有效的一个方法就是"学以致用"，不将单词分割记忆。什么叫"学以致用"呢？其实就是将单词用在句子中，学会用单词造句，同时将这句话用在某种场景中，这样的情况下我们知道这个单词是"有用的"，我们心里就会格外重视，从而记忆深刻。当然这种方法也不是所有单词都能用，而是针对日常生活中使用频率较高的单词，针对低频单词我们反而需要多加记忆。

数学、生物、政治与历史，思维导图少不了

这几个学科记忆的难点在于知识点冗杂，但其实还是有系统性的结构的。针对这几门学科，我通常使用的方法是画出知识图谱，将一系列的知识点按照他们的结构排列，学明白它们之间的关系，是并列还是包含，从一个知识点概念出发，下面有多少个分支，等等。我到现在记忆都比较深刻的一个学科是政治，因为在最后我已经将政治课本的每一章节的知识点都用一页的知识思维导图或者说知识图谱概况了。当我对细节都比较熟悉的时候，用一张导图作为

线索，基本上可以非常飞速地让我记忆起相关的知识点。

04 如何高效记忆概念性知识？

其实在高效记忆中，最难的部分和最容易的部分是概念性、抽象的知识背记，我们的很多学科都涉及概念性的知识，如何攻克概念性知识的记忆对于我们至关重要，因此我在这里专门针对概念性的知识介绍四个记忆技巧。

一是先易后难法

这对于概念性的知识记忆很关键，因为"容易记的"先开始，心情、效率会达到最好的状态。记住，情绪对我们记忆的影响很大。大家想一想，一堆材料在眼前，这时候我们一定会有畏难情绪，可能想去记的心情都难以产生。但无论什么学科、无论哪种概念性知识，总有某部分是比较容易掌握的，譬如数学，总有一些相似的题型可以合并记忆；譬如英语单词背记，也有音节较少的可以先背。找出这类容易掌握的概念性知识，由简单处先着手记忆，之后顺势突破其他障碍。同时当我们记忆了很多知识后，回头再看也会给我们带来巨大的满足感，从而进一步强化我们愉悦的心情。

二是"点亮材料法"

何谓点亮材料，其实就是让记忆对象生动起来。还记得影响遗忘的重要因素之一：记忆材料的特性嘛，我们这时候就需要大量地运用这些奇妙的特性让记忆材料生动起来，才能记得又快又牢。比如我们可以使用图像记忆、谐音记忆等。人类的右脑的视觉中枢与图像直接相连，视觉区域有强化记忆的能力，能够帮助我们把枯燥的概念进行压缩简化。同时图像记忆相较于传统记忆，即使我们复习频率低一点，但遗忘得会更慢一些。如何使用这种图像记忆的方法呢？就是把需要记忆的材料，通过联想、编码等的方式转化为生动具体的图像进行记忆。我们转化的图像必须夸张和有趣，也利于简单易记。其难点主要在于编码，即如何把需要记忆的文字内容转换为印象深刻的图像，刚开始这种方法可能会比较耗时，但后期会越来越熟，而且经过经常性的训练，大脑将会得到活化，从而加快我们想像和联想的速度。

三是理解讲解法

比起死背，理解才能真正快速地记忆住知识，高效记忆主要在于是否能正确理解事物。1946年美国学者爱德加·戴尔就提出了"学习金字塔"理论，它是美国缅因州国家训练实验室的研究成果。它用金字塔图表形象显示了，什么样的学习方法才是最高效的，其中最高效的方法是教授他人，这种方法能够留存超过90%的知识内容。因此当我们理解背记的内容后，我们不妨去给他人讲解相关概念，从而加深自己的记忆。

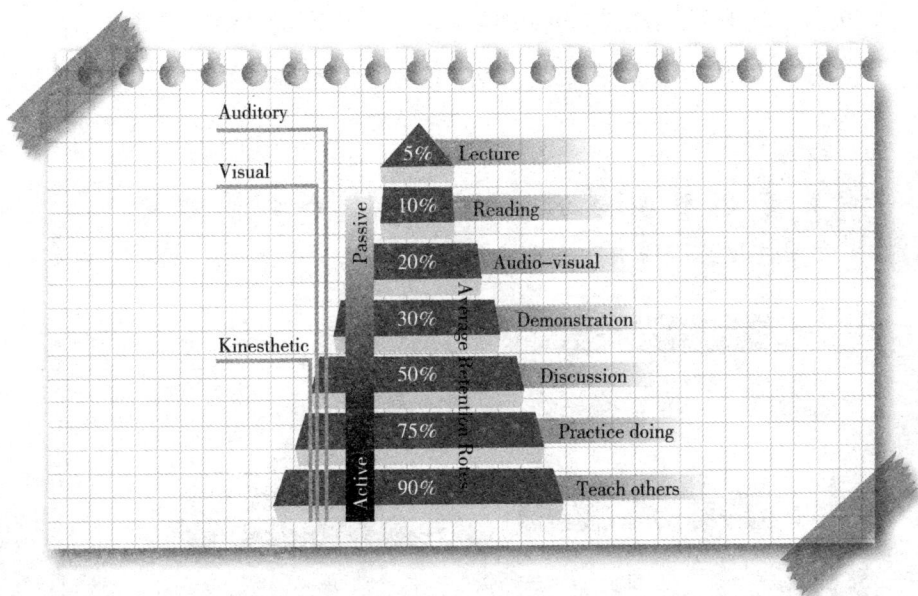

Auditory
Visual
Kinesthetic
Passive
Active
Average Retention Rates
5% Lecture
10% Reading
20% Audio-visual
30% Demonstration
50% Discussion
75% Practice doing
90% Teach others

四是间隔重复记忆法

这个方法无须多言，就是通过高频的复习，让我们能够将记忆痕迹固化，将短期记忆转换成长期记忆。研究表明短时间多重复几次比一次长时间记忆效果更好，熟练记忆的最好办法就是间隔重复。

攻克高效记忆不是难事，难的是利用逆向思维了解遗忘背后的根源。在学习的过程中，我很早就意识到自己不是天才，而是一个常常忘事的人，遗忘是我最大的敌人，学习的过程就是跟遗忘斗争的过程。在斗争中，我发现遗忘的规律，也相应地掌握了克服它的高效记忆方法，在此分享给大家。希望我的思考和文章能够帮助大家尽快掌握高效记忆法，成为记忆学习高手！

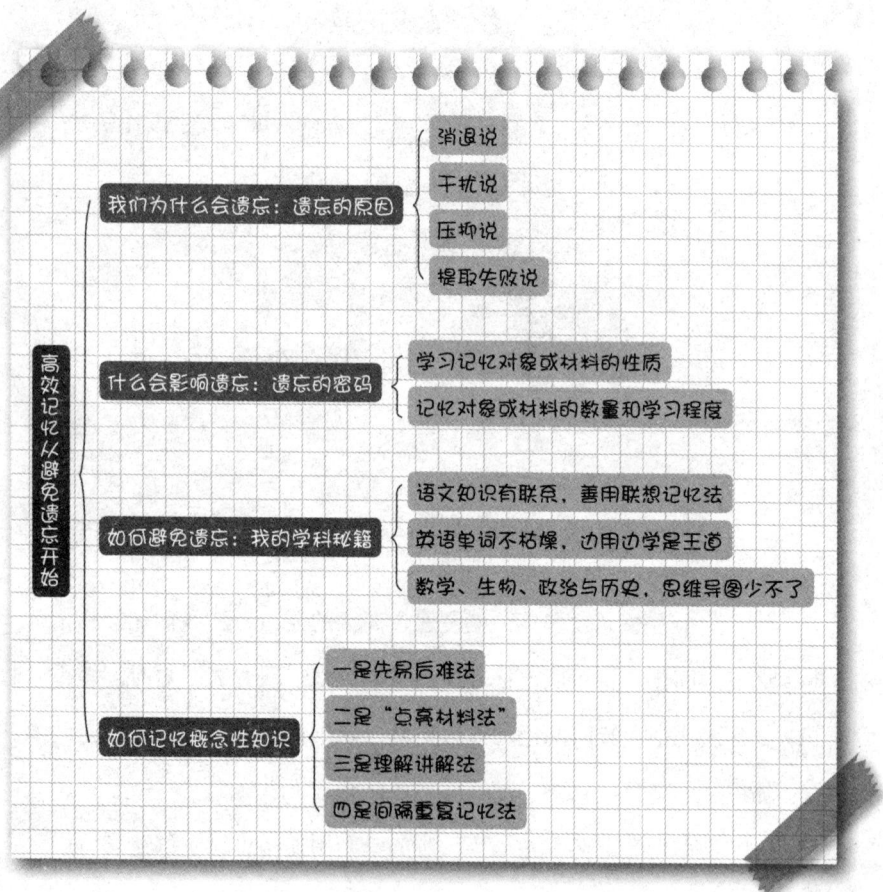

高效记忆从避免遗忘开始

- 我们为什么会遗忘：遗忘的原因
  - 消退说
  - 干扰说
  - 压抑说
  - 提取失败说
- 什么会影响遗忘：遗忘的密码
  - 学习记忆对象或材料的性质
  - 记忆对象或材料的数量和学习程度
- 如何避免遗忘：我的学科秘籍
  - 语文知识有联系，善用联想记忆法
  - 英语单词不枯燥，边用边学是王道
  - 数学、生物、政治与历史，思维导图少不了
- 如何记忆概念性知识
  - 一是先易后难法
  - 二是"点亮材料法"
  - 三是理解讲解法
  - 四是间隔重复记忆法

学霸阅读笔记

阅读打卡

新的收获

小结

第八课
掌握高效记忆知识的方法

01
归纳分类让记忆知识不再难

经常会听到有同学抱怨自己记不住知识点，或者记得快、忘得快——昨天还能倒背如流，今天便忘得一干二净。对于记忆知识点，我经常用到的一种记忆方法是归纳分类记忆法。这种记忆方法是指在记忆之前，我们要将记忆内容按不同属性加以归纳，然后再分门别类地进行记忆。

那么，如何进行归纳分类，归纳分类法有什么特点呢？

首先，在对记忆材料进行分类之前，需要先确定归类的原则，要知道该归纳什么，该放弃哪些内容，要有明确的目的，从而提高我们的理解能力和记忆能力。

其次，在进行知识归纳之后，我的记忆目标会变得更加明确，记忆起来也更有目的性，在记忆的过程中注意力还会更加集中，这就避免了不同材料之间相互干扰。

举个例子。记忆历史知识的时候，我会将中国近代史（1840—1919年）中发生的重大事件进行归类，然后归纳为"五四三二一"来进行记忆："五"指的是五次重大的战争，即鸦片战争、第二次鸦片战争、中法战争、中日甲午战争、八国联军侵华；"四"指的是四个不平等条约，即《南京条约》《马关条约》《辛丑条约》《二十一条》；"三"则是指三次革命高潮，即太平天国运动、义和团运动、辛亥革命；"二"指的是两个阶级产生，即无产阶级和民族资产阶级；"一"指的是一次变法，即戊戌变法。

我通过以上简单的归纳分类，便可以对近代历史有一个整体的认识，这样还能防止我们的记忆出现混乱。

最后，在归类的过程中，我们可以通过知识点之间的对照、对比，进行相互启发，这能够起到温故而知新的效果，并能够帮助我们及时地发现问题和解决问题。

归纳分类法是其他记忆方法的基础，我们要正确认识和运用这种记忆方法，只有这样才会让我们的记忆目标变得更明确，才能让我们的记忆变得更有逻辑。

在学习过程中，我在很多时候会运用到归纳记忆法。归纳的足够彻底、分类的足够清晰不仅能够满足我的记忆需求，加速对知识点的记忆，也有利于我们全面去进行思考和分析。在进行分类的过程中，需要遵循以下几方面的要求：

第一，归纳分类法不是只有一种分类方法，而是按照不同的标准可以进行不同的类型分类。比如我们要背诵古诗，可以根据作者进行归纳分类，进而进行背诵；也可以根据题材进行分类，然后进行背诵。我们选用的分类标准不同，进行分类的方法也就变得不同。因此，在分类的过程中，我会根据实际情况进行分类。

第二，在进行归纳分类的时候，我们可以分为几个组，各个组之间有多少内容必须适度，如果我们的分组太多，记忆起来就会变得比较困难。相反，分组太少，每一组内的元素会很多，这在无形中就会减少差距。心理学家通过实验发现，我们进行分类记忆时，各个记忆组中的元素应该控制在5-9个为宜。

第三，我们进行分类也可以按照逻辑学的关系进行分类，比如时间、事件、经过等。不同的科目，要选择契合的分类标准。然后在日常学习记忆过程中，我们都可以根据归纳分类的记忆特点进行知识点记忆。比如，语文：我们可以按照逻辑学的关系进行分类，寻找文章中的逻辑顺序，如时间、事件、经过等，能够更好地帮助我们记住其中的主旨含义；英语：记忆英文单词时，我会按照单词的属性进行分类记忆，水果、日用品、交通工具等，这样进行合理分类记忆；历史：我们可以根据历史事件来进行分类，也可以以时间进行划分等。

归纳分类的记忆方法很实用，因为这种方法就是让原本看似凌乱的记忆材料变得更加有规律，并能够很快地被记住。当然，在使用这种方法的时候，不可对毫无规律的内容进行强行归纳，不然会影响我们的正常记忆。

02 分时间段记忆，记忆更牢靠

　　人在什么时候记忆力是最好的呢？其实每个人的情况都不一样。通常，我会选择在不同时间段记忆不同的知识，这就要求我们弄清自己的最佳记忆时间，这样才能根据自己的记忆习惯进行记忆，最终实现快速记忆知识的效果。

　　科学家对大脑的研究中发现，大脑的记忆是需要有一定规律的。一些报道中介绍，大脑记忆是有四个黄金时间段的，恰好，这四个黄金时间段也是我的记忆时间最强的时候，我往往就是利用这四个黄金时间段来进行学习和背诵知识。你也可以寻找自己的学习黄金时间段，然后在黄金时间段内选择背诵或记忆难以理解的知识或者是逻辑性比较强的知识，这有助于解决学习中的"疑难"问题。

　　大脑记忆的黄金时间分别是什么时段呢？

　　第一个黄金时间段，是在早晨的6点到7点。大脑经过一整夜的休息，轻松无负担，此时，大脑会进入第一个兴奋点。我们可以利用这段时间进行记忆，疑难知识点或者是平时我们背不过的知识都会感觉变得容易记住了。同时，此时段记忆的速度也是最快的。

第二个黄金时段，是早上8点到10点。在这段时间，我们的大脑会完全进入兴奋状态，尤其是到了9点的时候，大脑的神经兴奋性就会提高，记忆力仍保持在最佳的状态。到了10点钟，人的积极性会上升，此时创造力最旺盛，如果在这个时间段进行记忆，效果会很好。

第三个黄金时段，是下午6点到8点。在这个时间段里，我们可以回顾自己一天的记忆内容，整理自己的知识点，从中了解到自己什么知识没有背过，哪门学科的知识还没掌握牢固，这段时间我们的痛点会下降，人的活力和耐心也会达到一天的最高峰，大脑运动的愿望也会上升。因此，这段时间进行背诵也会很容易。

第四个黄金时间段，是晚上9点。到了晚上，周围的一切都十分安静，睡觉之前也是最佳的记忆时间。根据研究发现，这段时间的记忆力是最佳的，遗忘率最低。利用这段时间对材料进行记忆，不仅能巩固一天的记忆内容，还能够为第二天的记忆打下基础。

当我了解了一天中哪些是适合记忆的黄金时间，在学习中，我就会在不同的时间段选择适合的科目，记忆不同的知识，你也可以根据自己的记忆习惯来进行分析。有的同学可能会说，自己从来不清楚自己在哪个时间段背诵的知识点多。我是用下面这种方式进行自我测验的：

我会拿出几篇长达六百字的内容，有语文、政治、英语等。分别在早上6点、8点，下午6点、9点进行背诵。看哪段材料的记忆效果最好。通过这样的方法，就可以找到自己最适合在哪个时间段进行记忆。

在记忆的过程中，还会出现一种情况。就是，需要记忆的内容很多，无法在某一个时间段完成记忆和背诵，这个时候，就要想办法了。

首先，我会将知识进行划分，我会将这些内容分成几份，然后放在不同的时间段进行记忆。比如，我会在早起记忆英语单词，中午背重点英语句子，晚上记忆英语考点、难点。

其次，我在进行记忆之前，会研究哪些内容是最重要的，哪些是相对重要的，哪些是没那么重要的。分清主次，这样才能够有助于我们进行记忆。我们可以利用黄金时间段记忆主要的材料，而次要的材料放在其他时间去进行记忆。

最后，对不同种类的内容，我们可以进行交叉记忆。在一个比较长的时间段内，记忆一种材料或信息，总是会让大脑感到疲惫。因此，我会在一个大段时间内，安排不同的记忆内容，这样做主要是为了让大脑保持新鲜感，最终实现高效记忆。

我经常听同学抱怨说自己的精力是有限的，那么，如何用有限的精力来记忆尽量多的内容或材料呢？

这就要求我们学会分时间段进行知识记忆。在不同的时间段记忆不同的知识，能够帮助大脑做到劳逸结合，能够让大脑在有限的时间内完成尽量多方面的知识记忆。在日常生活中，我们对记忆材料和内容进行分析之后，才能决定自己的记忆时间段。

每个人的记忆习惯不同，在对自己大脑进行记忆效果分析之后，我们根据自己的记忆规律，探索自己的黄金记忆时间段，一旦了解了自己的记忆黄金时间段，就能够找到有利于自己记忆的时间和方法。这样做的目的，就是为了保证能够尽量减少记忆的障碍，为快速记忆知识打下基础。

03 多种感官并用，提升背诵效率

我们在背诵语文课文的时候，往往只是用视觉看了文章之后，然后就开始背诵了。我在刚上高中的时候，就是这样的情况，但是随着对多感官刺激记忆法的了解和应用，我发现自己在运用多种感官进行记忆的时候，记忆效果更好，记忆速度也大大提高。

你或许会问，什么是多种感官并用？其实，就是动用我们的多种感官，比如视觉、听觉和嗅觉等来进行记忆。刚开始的时候，我也很疑惑记东西为什么还要用到听觉甚至嗅觉呢？我们的记忆和这些感官有什么关系呢？其实，当多种感官一起运用的时候，我们的大脑会受到刺激，记忆中枢能获得更充分的调动，效果就会明显增强。

　　我来打个比方：在夏季一个炎热的中午，你从外面回来热得汗流浃背。这个时候，喝一杯可乐，觉得还不解渴，并且可能觉得还是有点热。如果，这个时候来杯冰可乐，再把空调打开吹着凉风，你就会瞬间觉得凉爽下来了。因为，我们通过皮肤的触觉和味蕾来感受到清凉。

　　同样的道理，在记忆这件事上，我们以背诵课文为例，如果我们只是用眼睛盯着句子进行记忆，相当于只刺激了视觉，大脑感受的刺激还不够强烈，因此，就会达不到很好的记忆效果；如果我们在记忆句子的时候，利用碎片时间大声朗读，并看着书本，利用听觉和视觉进行知识的记忆，记忆效果就会好很多。

　　在记忆的时候，我有个好的建议，就是把这三次拆分成"1+2次"，也就是"1+2次"记忆法。

运用"1+2次"记忆法

你或许会问什么是"1+2次"呢？这是一种很好的记忆法，起码对我来讲，经常会用到这种记忆法。以英语为例，"1+2次"中的"1"是指的什么呢？它是指在背诵新单词当天就需要同步听录音。我就是在开始背诵新词之前，会先完整地听一遍新单词的音频，听这些音频的时候，我会认真观察新单词，大脑中就会建立起对这些单词最初的印象。我到了背诵具体某个新词的时候，如果时间允许，我还可以再听一遍与其对应的录音。我如果在当天把所有新词都背完了，就会再完整地听一遍音频，认认真真地听每个词，听得时候我会合上课本，逼着自己快速拼读出单词，如果某个词语在大脑中卡壳了，我就会重听一遍那个单词的音频，再次尝试进行记忆，直到背诵熟练为止。

说了"1+2次"中的"1"，那么，"1+2"中的"2"指的是什么？很简单，它指的是在一天即将结束之前，至少用两段碎片时间，对知识进行记忆，比如听两遍当天的单词音频。通常，我习惯在中午吃完饭后听一遍，在晚上休息之前再听一遍。听的时候我会逼迫自己再进行记忆，遇到自己记不住的或者是没记牢的单词，会再次翻看课本，直到记住为止。

运用听写练习记忆法

还有一种好的记忆方法，是我在做听写练习的时候常用的。

还是以英语为例，如果我发现时间有限，我会将听写和纯听单词音频结合在一起，听的时候就随手准备好一个小本子，同步进行听写；如果时间充分，我会每天抽出15-20分钟时间，专门做一次听写练习，在遇到拼不出来的词或者是拼写不正确的时候，我会快速地回到书本上进行二次记忆和复习。比如，我在进行古诗词记忆的时候，也可以使用听写练习记忆法。比如，在背诵苏轼的《水调歌头》时，我会将自己喜欢的王菲演唱的《但愿人长久》这首歌下载下来，反复听："明月几时有，把酒问青天，不知天上宫阙，今夕是何年。我欲乘风归去，又恐琼楼玉宇，高处不胜寒……"一边听，一边体会诗词的内涵，这样做确实能记得更清楚、牢固。

除了听觉，我在记忆知识的时候，还经常调动嗅觉和味觉。比如，背"chocolate"（巧克力）这个单词时，我会拿出家里冰箱的巧克力，然后吃上一块。再比如，"durian"（榴莲）这个词，我在记忆的时候，就是边吃榴莲边背诵的，在味道刺激下，让我深刻记住了这个单词。

我们不管用哪种记忆方式，目的都是为了能够很好地记住希望背诵的知识，在这个过程中，就需要我们去运用多种方法和技巧。

掌握高效记忆知识的方法

归纳分类让记忆知识不再难
- 在对记忆材料进行分类之前，明白该归纳哪些内容
- 在进行知识归纳之后，记忆目标会变得更加明确
- 在归类的过程中，通过知识点之间的对照、对比进行相互启发

分时间段记忆
- 第一个黄金时间段，是在早晨的6点到7点
- 第二个黄金时段，是早上8点到10点
- 第三个黄金时段，是下午6点到8点
- 第四个黄金时间段，是晚上9点

多种感官并用，提升背诵效率
- "1+2次"记忆法
- 听写练习记忆法

学霸阅读笔记

阅读打卡

新的收获

小 结

第九课
拥有自我超越的心态

01
"有所谓"是行动的引擎

　　即便是无信仰，人也总爱在"命中注定"或者"神佛庇佑"这几个唯心主义词语中寻找内心的安慰。我总是将自己视为一个幸运的孩子，或者说是上帝的宠儿，哪怕他偶尔戏谑搞怪，让我经历为人处世的过程中的起起落落、一波三折，但也总会把我的结局安排成幸福美满、如我所愿的情节。但是，不可否认，任何成果包括我这次被清华录取，进入了适合自己的新闻与传播学院，是出乎意料但也是在情理之中的，这与我的"有所谓"和"无所谓"态度密不可分。优秀有时候真是一种习惯，一旦习惯被打破，人们会觉得"有所谓"，无论是为了面子还是为了心中的"一口气"，都会采取反击的策略。

我见过很多同学，他们从小学、初中的成绩平平到高中的奋起直追，乃至最后取得了和我近似的成绩，理论上他们必然经历了许多的咬牙刻苦，我相信他们定然是把别人的优秀当成鸡汤，哪怕是滚烫的，也忍着眼泪吞下去，作为他们改变自己生活学业的营养动力。但这毕竟只是少数，有时候，更多的人补了很多课、刷了很多题，最后仍是徒劳无功，于是将此归咎于时运不济、命途多舛。一开始我是不能理解的，直到高中我也切身体会了这种感觉，一种无可奈何的乏力感。

回想寒窗的十几年，可以毫不自谦地说，我自小就是大家口中的"别人家的小孩"。从小就有着比别人更多的小红花、五角星；上学了，更多的红对勾与高到惊人的分数让我优越感十足；初三那一年也是毫无悬念地被保送到了鲁中（绍兴鲁迅中学），轻松无视了"中考"这个别人眼中的一道生死关。开学后，我被分入了鲁中的春季班——一群绍兴各地保送生的聚集地。当一只鹤被拎出鸡群（这里不存在歧视，仅考虑学业成绩），来到一群鹤中，腿短腿长一下子又有了分别——没错，我是中长腿的那种鹤，而且腿长随着心态呈正相关变化。

高中一开始，学习十一门课，那一段日子是我的低谷期。那时的班主任是物理老师，而我最烂的科目也是物理。频频考试，用分数直白考量的学习水平暴露无遗。一次是失误，两次也情有可原，三次、四次、五次……再强大的人也会开始自我怀疑。我也努力过，也刷了很多题，但还是扶不起的阿斗，甚至有几次考试成绩垫底。

这时候，我才真正意识到，原来我也不过尔尔。

但是，要知道，人的能力的迸发，需要一剂正催化剂。我自认是一个很乖巧文静又很狂野叛逆的人，因为看过的书太多太杂，我的思维有时候会惊世骇俗，只不过不屑于表露和阐述。我一直认为，一个真正优秀的人，不应该是书上写的模板式的形象，他应该是有血有肉、充满自信乃至自负的一个人，用当下坊间流行的用语来说，他的眼里有星辰大海。过于自卑和颓废只会使一个原本优秀的人失去眼中的光芒，失去我们所讲的一种"学霸气质"，那种发自肺腑的自信，那种因无所畏惧而"目空一切"的态度，那种因运筹帷幄而"玩世不恭"的冷静。

在这一价值观的引导下，我开始拼命保护我眼中的光。为此，我做了两种尝试。

第一，我细心呵护乃至壮大原有的火光。我的写作很好，语文成绩从小到大都是班级的佼佼者。当成绩榜上遥遥领先，当作文被奉为范文全年级流传，当所有老师同学褒奖不止，当强势第一的地位无人撼动……知道吗，虚荣心有时候是最好的自信，它可以带给我们前进的动力。在选考科目平庸、数学英语水平一般偏上的尴尬情况下，是语文，以落全校第二名十几分的优势，以多次的130多分获得校方的关注，乃至得到清华招生办的 A 的判定。当然语文素养给我的自信，让我在面试中也能脱颖而出——口头阐述有理有据且文辞优美，以及浑身自信的精神状态。当然高考语文 133 的高分也为我进入清华助力良多。

第二，我寻找新的火种。结合客观情况与个人性格、喜好，我分析得出 key point——体育。没错，就是在多数人眼里看来是不务正业、有损女孩子优雅形象、浪费时间、会长肌肉会晒黑、会出汗、要常洗澡常换洗衣服的体育。我喜欢跑步，每天大课间、晚饭前、晚自习课间，一天累计下来可以跑个七八圈。到了高三，我的体育成绩在女生中排名第一，800 米成为全班最快且快过满分线十几秒。这赋予了我强健的体魄，使我在高三每天高强度试卷训练中依旧满怀激情和动力；我喜欢在体育课上或业余时间里与男同学踢球，尽管很多女生会躲在阴凉处刷着和我同样多的作业，尽管我不是很会踢，但我也因此在压力最大的高中时刻收获了一批挚友，大家的欢声笑语，在当时解压舒心，毕业后我们仍然亲密如初。同时，体育也是我的目标——清华所注重的考查项目，面试的教授对我的体育素质也都十分满意。无论从客观身体素质还是情感滋养乃至功利的志愿考虑，体育都是当时我除了语文外最有利的一门选择。这也是"无体育，不清华"背后蕴藏的价值馈赠，是现在我作为一个清华人对当时选择的庆幸。

很庆幸，因为语文和体育而与众不同，我在课堂上以及田径场上光芒万丈，也因此树立了更加蓬勃的自信，在某种程度上，满足了我对优秀的追求。

面对成绩下滑做出努力，这是大多数人看来理所当然的事情，我也不例外。只是我的努力别具一格，也更为灵活——坚持与发展既得的长处，拓展曲线救国的易习得的新长处。

02 "无所谓"是心态的除霾剂

前文提及，我认为一个优秀的人应"目空一切""玩世不恭"，我也确实朝这方面去做了。大家一定都听过一个矛盾的概念：有些孩子读书很努力，但成绩远远不及一些看似更懈怠随意的孩子。就拿高三的午休来说，12:10响的午休铃，我12:30就开始睡觉，而大多数同学是到快下午1点才睡，甚至根本不午睡，我不知道这是个人习惯问题还是其他什么因素使然，但个人觉得大中午做作业会脑子充血，导致后半天焦躁不安。同时我发现，像我们班的三个学霸对午休也都很随意，想睡就睡、随时可睡（有两个人，早上来得迟，中午睡得多，晚上估计也养生），他们不会在意作业写完与否，他们也许只是很简单的想法：我累了，午休难道不就是用来睡觉的吗？当然，我们班也有很多学霸午休睡得少，晚上寝室卫生间偷偷挑灯夜战，早上还早起。

　　我更推崇前者，以逸待劳，这是一种作息上的"无所谓"。这背后还是一种适应自己学习模式的、为了提高学习效率的取舍策略，是一种对最后结果追求的"有所谓"。这在学霸圈子里还是有一定普及性的。

　　而我的"无所谓"有时候甚至更甚。我会给自己找台阶、找借口。第一次选考历史79分。模考多次满分，大题目得分强的我，仿佛被戏耍了一样，在正式考试里错了十道选择题。说实话，那时候我的心态很奇妙，但当历史老师和班主任都感觉震惊甚至极度失望的时候，我竟然又萌生出一种局外人的看笑话和自嘲的心理：这么厉害，能考出这样的成绩！现在想想，当初最过分的是，我看到其他两门选考197分的成绩，有了今后少了两门课的轻松愉快之感，我不断安慰自己今后只要学一门历史就可以了，多简单的事。每天和三门满分的同学课余量差不多，同时天天往自修室刷作业，我却可以一身轻松，揶揄待在教室里总分比我高但是三门选考科都要重学重考的朋友。那时候不晓得来自何方的自信与乐观，竟然使我开心度过了第二次选考前的生活。

　　然而，好景不长，上天仿佛和我开了一个天大的玩笑。第二次选考前，学一门课的充足时间让我把历史六本书背得滚瓜烂熟，次次模考都满分，所有的老师同学，包括我自己都相信，我终于要拿满分了。However，最后成绩94分。

要知道，历年的清华北大学生选考都是接近满分的，而我总分291分在年级排名也不知道滚去了哪里，说实话，一段时间，没脸见人。但因为上文提及的两个策略，自信又使得我的脸皮"厚"了起来。我开始了真正的"无所谓"。我推掉了所有的清北录取讲解、笔面试培训，推掉了所有的竞赛、三位一体课程，不像其他学霸经常去老师那获取名校资讯。我抱着裸分上清华的妄想，利用节省下来的所有时间自己做试卷、批试卷。

我有点叛逆，现在想来有些不够成熟。所有人都觉得我大概是气数尽了，那我就拔掉所有来自外界的续命管子，靠自己的心脏脉动，就算不能完全康复（考上清北），至少我还能活下去（那时水平考浙大绰绰有余）。

但正如所有的病人都在内心深处渴望恢复健康，我尽管口中自嘲乐观无所谓，说着大不了考个浙大，去学医也了了我一番心愿，还可以和很多挚友度过大学时光；但心底深处还是有着不甘，有着"有所谓"。

濒危的人，不要渴求一瞬间重焕生机，只需努力将自己身体水平维持在一个较为可行的常态，然后慢慢调整，最终在所有医生和亲朋不可置信的惊叹声中下床，自信地伸一个放松的懒腰。

成绩低谷，"无所谓"，我没有放弃宝贵的休养生息的午休时间、我没有放弃额外的体育锻炼时间，我没有病急乱投医到处报名补习班，我没有天天阴郁而忘记旁边一群挚友的笑容明媚，我没有因此否定或是无视我的闪光之处。我只是更相信，静水流深。

正如我的班主任及历史老师在得知我被录取的喜讯时说的话，大概是：破釜沉舟，处于最大的压力下反而无所谓了，轻松的心态造就了不可能的成果。

而我想说，"无所谓"是心态的除霾剂，"有所谓"是行动的引擎。怀着这样的心态，我达成了人生前18年最大的梦想，当然，这也将裨益我今后在清华的学习、在社会中的成长与行走。我可以正确地看待竞争，处理失落与不协调的心境，采取高效有力的方式去追求符合自己能力与兴趣的那条通向梦想的道路。

几点建议

1.适当休息，勿忘运动。

2.看开点，无所谓；拼一把，有所谓。

3.作业不要抄袭！会上瘾。尤其针对高分同学，别以为只要会做难题就行，有时候你就是丧命在基础题上。

4.永远不要仇视优秀的人，学习不了他们的勤奋做法就单纯欣赏或者埋下头去自学。

5.永远不要忘记回归课本、小字、标题框架。文科同学能做到在脑海中有每一页书的布局，理科同学能了解每一个来自书中定理的推导过程。

6.不要盲目整理错题，更多时候是形式与完成任务，你真的会从头复习吗？对于理科，建议错题在试卷上订正，自己重新演算，一定要圆满步骤，不要遗漏。对于文科，将题目中做到的答题模板抄到课本上或摘录在本子上，尤其是语文。将类型相同的名言好句归在一个模块下，每次作文用同样的素材，利于记忆和转化。强烈推荐活页本。

7.注重考纲，将每一门学科的试卷的每一道题型摸透，建议拿十几张真题卷、模考卷作对比，将每一题的考查范围、答题要点步骤、答题模板、评分细则都整理到本子上。

8.多借阅高分同学的试卷，琢磨他的得分技巧，会有意想不到的惊喜收获。

9.高一高二多看书，高三转入实战（也许过于功利，但是考上好大学后，比如清华，会有N个图书馆、几百万本书等你细读，别和分数过不去）。

10.如果可以，多和老师沟通。

希望大家能在高考中取得不负多年努力的成绩。加油吧，少年！

"无所谓"是心态上的除霾剂，"有所谓"是行为的引擎。正确地看待竞争，处理失落与不协调的心境，采取高效有力的方式，去追求符合自己能力与兴趣的通向梦想的道路

拥有自我超越的心态

我的"有所谓"
- 优秀是一种习惯，一旦习惯被打破，人就会觉得"有所谓"
  - 我会精心呵护乃至壮大我原有的光芒——优秀的语文素养
  - 我会寻找新的火种——体育素质

我的"无所谓"
- 以逸待劳是作息上的"无所谓"，也是一种适应自己学习模式的、为提高学习效率的取舍策略
- 自信和乐观，脸皮"厚"，处于最大的压力下反而"无所谓"

2

学霸分享，直通名校的学科突破法

高考是学科的叠加，涉及的每一科都不应该是我们的弱科。我们需要将学习时间分摊到每一个学科上。因此，掌握不同学科的学习技巧和方法就变得尤为重要。毕竟，方法和技巧是我们实现分数突破的"加速器"。

第十课
语文是主科，不该被遗忘

01
如何让语文成为高考优势

语言和文字是重要的交流工具，是人类文化的重要组成部分。工具性与人文性的统一，是语文课程的基本特点。如何让语文成为高考的优势？

了解何为"语文+课内学习+课外积累+应试技巧=提高语文成绩"的不二法门。

"世界上有一个伟大的国家，它的每一个字，都是一首优美的诗，一幅美丽的画，你要好好学习。我说的这个国家就是中国。"印度前总理尼赫鲁对他的女儿如是说。为什么要学习语文？这是语文教学的基本问题。一方面，从诗经、楚辞、汉乐府，到唐诗、宋词、元曲及明清小说，到近代新文化的萌芽和当代文学的再次崛起，中国文学已有几千年的历史，人的情感也借由文学得到了淋漓尽致的抒发。博大精深的中华文化为我们留下了无数的文化瑰宝，亟待大家去发现、继承和发扬。

另一方面，在倡导素养教育、"人"的教育和终身教育的今天，学习语文不仅仅是为了生活中经常要用文字与别人交流，为了学习、工作，也是为了人的精神需要，为了人的发展和自我实现。因而，语文是我们不得不面对的课程，但是在高中学习中，我们所熟知的语文成了让人头疼的课程，分数迟迟得不到提高。如何让语文成为高考的优势？或许可以从改变学习方法开始。

既然如此，我们究竟要如何在课内学习语文呢？

高中伊始，对于语文学习，我一味木讷地延续初中的学习方法，即单纯地靠读、背来丰富语文知识，导致我的语文成绩很不稳定。在总结分析了大量的试卷后，我发现高中语文更多的是考查语文素养和答题技巧。因而我调整了学习策略，最终在高三质检和最终的高考中都取得了130分以上的不错成绩。针对语文学习和考试的痛点，或许以下几点建议能够帮到你。

对于课文知识，很多学生认为学的不考、考的不会。甚至有一些语文成绩较好的同学认为分析课文可以不用听，用来刷题或者扩展阅读更高效。实际上从课本中我们可以学到很多知识，并且运用到考试中。

高中语文课程的"总目标"：积累—整合；感受—鉴赏；思考—领悟；应用—拓展；发现—创新。我们且将课本知识分为现代文、文言文、拓展知识三大部分。

课本现代文。在考试不可能考课本原文的情况下，听现代文的讲解是否有意义？答案是肯定的，而且非常重要。从作者的角度出发，如果你了解他的一篇文章的特点，在面对同类文章时你可能会更容易理解一些，答题自然也会顺手很多。

如2019年全国卷Ⅰ语文现代文阅读部分，阅读材料为鲁迅先生的小说《理水》第三节（有删改）。《理水》是鲁迅第三部小说集《故事新编》里的一篇。

对这则材料，设置了三个题目。分别是：

1. 五选二多选题。（原第7题，略）
2. 鲁迅先生说"我们从古以来，就有埋头苦干的人，有拼命硬干的人，有为民请命的人，有舍身求法的人"，请具体分析作者是如何塑造这些"中国的脊梁"的。（原第8题）
3. 本文选自鲁迅先生的小说集《故事新编》，请从"故事"与"新编"的角度分析一下这篇小说文本的基本特征。

　　清华北大学习高手

在高中课文中我们学过鲁迅的《纪念刘和珍君》《祝福》《拿来主义》。其中《祝福》与《理水》的文章问题和描写手法十分类似，认真赏析过原课文并了解鲁迅性格和文章的学生将更容易完成此题。

就提高阅读水平能力而言，课文的作用也是巨大的，平常的阅读题老师不可能用几节课去阐明，但是在学习课文的过程中，紧跟老师的思路，毫无疑问是提高阅读能力的捷径之一。

如《荷塘月色》的课文赏析，从整体到部分，从艺术特色到语言魅力，有经验的教师们都会一一详解，从中提炼答题思路和阅读技巧。通过品赏课本文章（在这里是散文）的一般做法、特殊技巧和语言艺术，学生能学会赏析写人技巧，如刻画人物的外貌，描写人物的心理活动；赏析叙事技巧，如与人物相关的材料的详略安排，叙述的先后次序，记叙、描写、议论、抒情……以及其他一些技巧，如修辞方法、白描、渲染、直抒胸臆、正面描写、侧面描写……课文的语言艺术，也是在学习中要着重揣摩和赏析的。

课本古文。古文可分为诗歌和文言文。就诗歌而言，默写题和诗歌鉴赏题都需要对必背篇目有着详细的了解和引申能力，此处略去后面还会提到的诗歌考题如何得分的问题。

就文言文而言，很多同学忽视字词，盲目地背诵文章和翻译，这对提升考试分数可能没有太大助力，纵使你将《出师表》《逍遥游》《琵琶行》《赤壁赋》等倒背如流，在考查司马青衫的典故时可能还是不知所措，在提及文、武赤壁时也会含糊其词。故学习古文，需要的是细心和耐心，单单记住原文和翻译无异于舍本逐末。无论是必背还是扩展的文言文，每一句的典故和文化常识都值得去琢磨和记忆，有时甚至可以作为素材运用到作文当中。

课本拓展知识。这个部分囊括了表达交流、梳理探究、名著导读部分。在考试中的运用主要见诸写作和语言表达题，考法多样且常常推陈出新，但重在掌握好知识，可以用笔记本记录下来重要知识，方便今后的检索和复习。

在课外如何提高语文素养呢？

语文的核心素养，主要包括了"语言的建构和运用""思维的发展和提升""审美的鉴赏和创造""文化的理解和传承"四个方面。这要求我们既有逻辑思考、形象思维和审美的能力，还要学会表现和创造文化。有着较好的语文素养，在文章理解题和作文中都能取得很大的优势。那怎样迅速提高语文素养呢？阅读。如雨果所说：书籍是在时代的波涛中航行的思想之船，它小心翼翼地把珍贵的货物运送给一代又一代。在此仅按需推荐适合高中生的书籍。

关于思想修养的书（适合直接引用）：

1.《论语》《孟子》《老子》《庄子》

2.《菜根谭》《傅雷家书》

3.《人性的弱点》《乌合之众》《简·爱》《培根随笔》

关于文学修养的书（适合提升语言水平）：

1.《楚辞》《诗经》《李白诗选》《泰戈尔诗选》《人间词话》

2.《雷雨》《边城》《围城》《活着》《平凡的世界》

3.《文化苦旅》《千年一叹》《林清玄散文集》

名人传记（适合举例）：

《名人传》《富兰克林自传》

时文报刊或杂志：

《青年文摘》《文学报》《名作欣赏》《咬文嚼字》《看天下》

有的老师比较反感图片和趣味部分较多的《看天下》，但我认为这是一个很不错的杂志，评论中肯且紧跟时事、报道及时，不像某些订阅的作文报或素材报将去年甚至是前几年的新闻反复叙说。

有了更多的阅读量，还要勤做摘抄和及时记录自己的感想。如有需要的话，也可以购置整合版的素材书或者摘抄集。

如何应对语文考试呢？

我们且将语文考试题型（全国卷）大致分为阅读题、古文题、语言文字运用题、作文四大类，并按顺序来进行分析。

第一类：阅读题

具体又可分为论述类文本阅读、文学类文本阅读和实用类文本阅读。作为考试的第一道大题，论述类文本阅读，它的难易往往影响着学生的心情，并且着重考查学生对细节的仔细程度和对全文结构的把握能力。在早期阅读训练中，我也常常三题全错或者仅对一题，实践证明，这种题目可以通过刷题来提高正确率，但在做题后一定要养成反思自己为什么错、错在哪、下次怎么改正的习惯（目前仍有问题并经常在考场为此题浪费很多时间的同学可以将做题顺序暂时先调整一下）。

分析文章的表现手法	记叙文常用的表现手法有：对比烘托法、欲扬先抑法、象征手法、借物喻人、情景交融等。
分析文章的语言特色	记叙文在语言的运用上有两种类型，一是朴实无华，二是优美生动。分析时应把握不同类型的语言特色，主要结合作者的感情和态度。可从下列语句中选择：朴实无华、形象生动、清新优美、简洁凝练、准确严密、精辟深刻、通俗易懂、音韵和谐、节奏感强。（注：必须结合具体语句分析。）

描写分为哪几种？
- 正面描写、侧面描写（借他人之口对对象进行描写）
- 环境描写、场面描写、细节描写（对某些细小的举止、行为或细微的事件、细小的景物片段作仔细的描绘）
- 人物描写（外貌描写、语言描写、动作描写、神态描写、心理描写）

某句话在文章中的作用是什么？
- 结构方面——总领全文、总结上文、为下文作铺垫、引起下文、承上启下、线索、照应前文
- 内容方面——点明中心、深化主题（需结合具体内容来讲）

可以从以下几方面分析
- 分析文章的题目
- 分析文章的开头
- 分析文章的结尾
- 分析文章的抒情议论段落
- 分析写作背景和写作意图

　　文学类文本阅读和实用类文本阅读：做题技巧＋合理分析＝高分。

　　可以在网上或者教辅资料中查找阅读题常考题型和手法并熟记（注意：只答术语不分析会压低所得分数）。如：

写作手法及作用	拟人手法	赋予事物以人的性格、思想、感情和动作，使物人格化，从而达到形象生动的效果
	比喻手法	形象生动、简洁凝练地描写事物、讲解道理
	夸张手法	突出人或事物的特征，揭示本质，给读者以鲜明强烈的印象
	象征手法	把特定的意义寄托在所描写的事物上，表达了作者的情感，增强了文章的表现力
	对比手法	通过比较，突出事物的特点，更好地表现文章的主题（具体）
	衬托（侧面烘托）手法	以次要的人或事物衬托主要的人或事物，突出主要的人或事物的特点、性格、思想、感情等
	讽刺手法	运用比喻、夸张等手段和方法对人或事物进行揭露、批判和嘲笑，加强深刻性和批判性，使语言辛辣幽默

第二类：古文题

分为文言文和诗歌两大类。

1.文言文：断句题、文化常识题、理解题、翻译

文言文的考查看似毫无规律甚至被认为是刁难同学的题，实际上熟练掌握课本文言文的知识后是很容易得分的，想进行辅助性的学习可以购置《文言文常考字词》这类资料。

对于分值较高的句子翻译题的常规做法：翻译句子应该在直译的基础上意译。首先，在草稿上把关键的字词的意思解释出来（直译）；然后，将句子的大致意思写出来（意译）。

在翻译句子时需要注意以下几个问题。

（1）年号、人名、地名、官名、物名、书名、国名等专有名词保留原样，不用翻译。例如："庆历（年号）四年春，滕子京（人名）谪守巴陵郡（地名）。"可把这个句子译为：庆历四年的春天，滕子京被贬了官，做了巴陵郡的太守。

（2）句子中没有实际意义的词语应删去。例如："陈胜者，阳城人也。""者……也"表判断，无义，翻译时应删去。可把这个句子译为：陈胜是阳城人。

（3）文言文中有些特殊句式（如主谓倒装、宾语前置、状语后置等倒装句）和现代汉语的语序不一样，翻译时要做适当调整。例如："甚矣，汝之不惠（主谓倒装）！"可把这个句子译为：你也太不聪明了！

（4）如果翻译省略句，需要把被省略的成分增补出来。例如："乃丹书帛曰'陈胜王'（省略主语）。"则翻译时应补上主语。

2.诗歌：选择题+赏析题

选择题只要求把控作者的思想感情和采用的手法，通常难度不大，故此处仅举1种赏析题的类型强调掌握技巧的重要性。

诗歌塑造了什么样的形象?

（1）用高度概括的语言来概括诗歌塑造了什么形象。

诗歌中常见的人物形象有：不慕权贵、豪放洒脱、傲岸不羁的形象；心忧天下、忧国忧民的形象；寄情山水、归隐田园的隐者形象；怀才不遇、壮志难酬的形象；矢志报国、慷慨愤世的形象；友人送别、思念故乡的形象；献身边塞、反对征伐的形象等。

（2）结合诗句中相关的语句具体分析这一形象的特征，概括时应忠于原文，不可臆造。

（3）结合诗人的人生经历或诗歌的创作背景分析诗歌中的人物形象对诗歌表情达意所起到的作用。

第三类：语言文字运用题

套路题，摸清规律即可。

第四类：作文

作为试卷的重头戏，作文通常需要留下40-60分钟来完成。近年来新材料作文和任务驱动型作文的兴盛给审题和立意加大了难度。想写好一篇作文无论时间有多紧张，审题都要仔细，切忌先入为主和过度联想。然后再开始构思和提炼中心句（好的中心句是加分项），如果不擅长这些的同学可以多阅读近几年的高考作文。

标题：运用修辞手法或套用好的模板和诗句能迅速脱颖而出。如《苔花如米小，也学牡丹开》《掬水留香》《伟大是卑微的蜕变，卑微是伟大的繁衍》《点一盏心灯期待诚信》……

结构：并列式、对照式、层进式……三者各有优势。

分论点：尽量想出对仗且富有哲思的分论点（2~4个为佳）。

如：中心论点为"做一个真正的英雄"。

分论点1：真正的英雄是在危难时刻挺身而出、在道义式微时铁肩担当的侠者与义者。

分论点2：真正的英雄是在重压之下挺直腰杆、在狂风暴雨中执着前行的强者与勇者。

分论点3：真正的英雄是在社会动荡时上下求索、在功成名就后保持自我的知者与智者。

分论点4：真正的英雄是在身处江湖时传播仁爱、在身居庙堂时坚守清廉的仁者与廉者。

这三年的学习中，你可以在语文的世界中遇见太多太多的人。你可以看李白醉卧蒿野，与杜甫掩卷共泣，再和辛弃疾征战于疆场，听琵琶女在船坞中说一段青春愁思。尺牍书疏，千里面目。只要坚持不断的积累和运用，在六月的某一天，你就将收获满意的答卷。

02 语文成绩不下130分的秘诀

很多同学在高中的时候或许有这样的感受：语文这个学科，好像天生就和别的学科不一样。当我们说到数学、物理、化学这样的学科的时候，往往会认为，这个东西学会了，考试的时候就能拿分，"知识点"和"分数"是一一对应的关系。这种"只要学会就能拿分"的性质，让我们在学习时会有一种安全感——只要我有了一分耕耘，在考试卷上就一定看得见一分收获。

但语文不一样。我上高中的时候很明显有这样的感觉——老师上课的时候，是按照教材上课文的顺序一篇一篇来讲的，从什么《烛之武退秦师》《荆轲刺秦王》到《祝福》《记念刘和珍君》……可是，老师带着我们一字一句地把课文分析完了，我们似懂非懂地也理解了，但——考试它不考这个啊！它考什么论述类文本、成语病句以及一堆没见过的文言文、现代文诗歌……这谁也顶不住啊。

语文这门学科，它本身最大的"坑"在于，它的课本编写逻辑与考试命题逻辑是不一致的。如果不能尽早了解到这一点，我们将会在语文试卷日复一日的打击中，逐渐怀疑自己对于语文学科的学习能力，产生著名的灵魂三问——我是谁？我在哪儿？我还能学会语文吗？

虽然前两个问题我也无能为力，但是关于第三个问题："我还能学会语文吗？"相信你看了下面的文字之后，可以给自己一个满意的答案。

逻辑剖析：分析试卷，从命题角度到能力角度

这个标题看起来很玄，不过表达的意思很简单。也就是说，在语文试卷这个命题逻辑和教材内容看起来没什么关系的情况下，我们可以先战略性地放下教材（注意不是完全抛弃教材），研究一下高考的语文，它究竟想要考我们什么。

与其他学科不同，语文作为一门语言类的学科，它想要考查的不仅仅是其他学科所侧重的知识，更是我们对这门语言进行运用的能力，这种能力要求我们能够在所学的有限的文本的基础上，进行举一反三的类比与拓展，并运用其对新的文本进行分析与解读。而这种能力，恰恰是我们绝大多数同学们所不具备的，也是语文学科之所以被认为"难"的根源。

那么，这张语文试卷究竟要求我们什么呢？我们以全国卷为例。

首先是一篇论述类文本，三个选择题；接下来是两篇现代文（文学类文本、实用类文本）；然后是文言文、诗歌；之后可能是全卷最简单的部分：诗句默写；再下来是一些语言表达运用的小点，如成语、病句、排序、句子填空，等等；最后是一篇60分的作文。

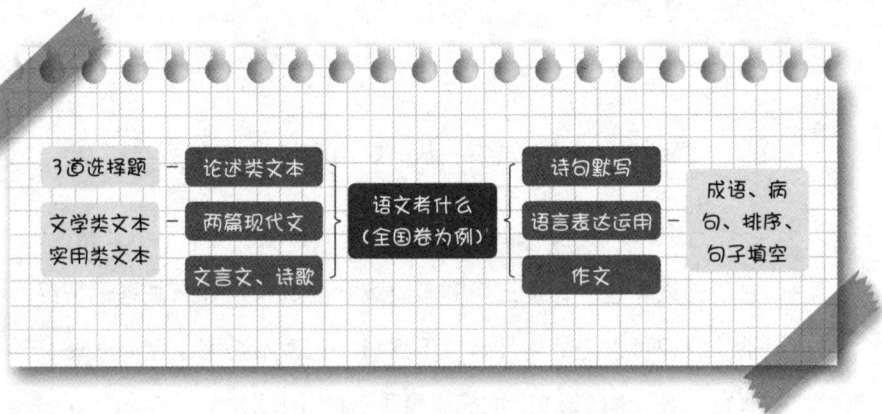

考试都是这些题，对不对？如果把它们进行一个粗略的分析，其实我们可以认为，它所考查的除去默写之类的硬性知识积累，主要无非是阅读和写作两大块。论述文、现代文、文言文、诗歌，乃至后面小的排序题……主要考查的都是阅读文本的能力，即信息输入的能力；而作文，以及答题的过程，可以视为考查的是写作能力，亦即信息输出的能力。仔细想想，学习一个语言无非也就是如此——能不能看懂文字含义、能不能听懂别人说话，以及能不能把自己表达清楚。

能力拆解：它具体想要我们做什么

即使说到了阅读与写作能力，相信你依然是两眼一抹黑——说这有什么用呀？别急，接下来我们要做的一步是能力拆解，也就是按照题目的不同类型，来对应其所需要的不同能力。

首先，我们从阅读说起。如果把阅读文本再笼统地分成两类的话，我想大部分人会说文言文与现代文。没错，文言文与诗歌可以归为"文言文本"的行列，而其他如论述类文本、文学类文本、实用类文本等，都可以打个包统统扔进"现代文本"的范畴。

针对文言文本，想必很多同学已经在看懂它的"字面意思"这一步上犯了愁，因为它考查了你对文言文这一文章形式的熟悉程度，也就是文言文本的阅读能力。有的时候，它还会在文中涉及一些古代的文学常识、文化常识，这些同样是考查的重点。

而针对现代文本，不同文体也有不同文体的考查侧重。就拿同学们避之不及的"玄学"论述题来说，往往有同学会问："这四个选项都是对的啊？"其实它考查的是原文对应能力——选项中所说的与你找到的原文是否在表述上可以替换；以及逻辑能力——你是否能够捋清楚文章中进行论述的逻辑脉络，具体到某一语句的逻辑表述是否正确。而文学类文本自有一套答法：散文的结构、内容、手法、感情；小说的人物、情节、环境……这就考查你对它的这些所谓"考点"是否能够精准掌握；对描写手法、抒情手法、情景关系这些重要的知识点是否有过专门的学习与训练。此外，即使知道了这些东西，能否在作答时把它们清晰合理地答在答题卡上，让阅卷老师一眼抓住主次。这些能力，都是需要训练的。

上述内容，可以比较简练地概括为下图：

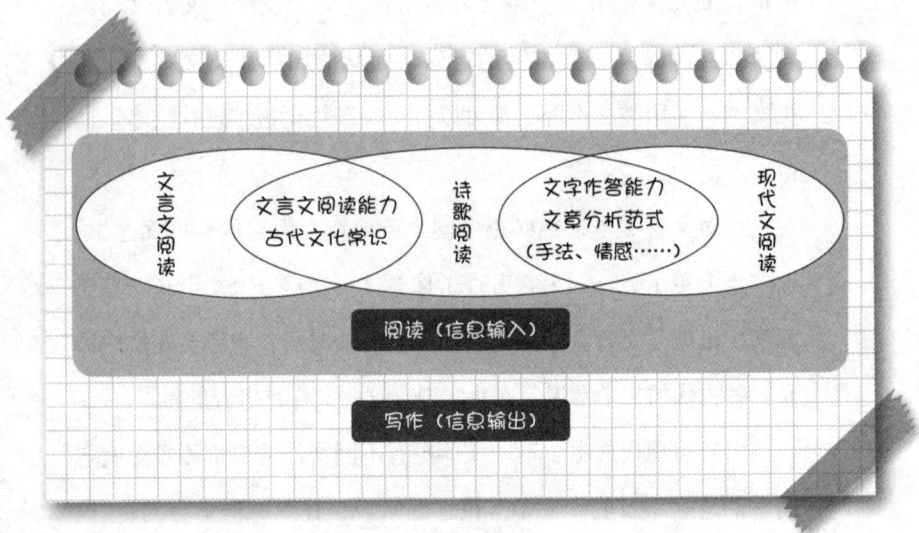

好了，带着这张图，我们可以进入真正"对症下药"的下一个环节了。

对点突破：功夫在"师"外，修行在个人

我们在上面已经把一张语文卷拆解成了它想要考查的各种能力，那么接下来你可能要问：这些能力，应该怎么去培养呢？

在我看来，上面提到的这些语文试卷中所考查的东西，可以从学习难度上分为两种，其中一种就是知识型、技巧型的，可以短期学会的东西。比如说，可能你从来没有接触过小说答题的一般模式，没有了解过人物、情节、主题、环境等小说答题的基本术语，那么你在作答小说题目的时候就必然要吃亏。这些基本的术语与答题模式就算是知识型、技巧型的，那些基本的术语与知识点和数理化里面的某个知识点没有什么不同；而针对某种提问方式的答题技巧，也与理科针对不同题型的答题技巧没有本质区别。这些都是相对容易拿下的东西，如果需要在短时间内快速提升分数的话，尽快想办法对这些东西进行掌握当然是"性价比"最高的了。

那么你可能又要问了：这些东西，老师又不讲或者讲得很少，怎么去掌握呢？这就要看我的小标题了：功夫在"师"外，修行在个人。数理化大家都知道自己刷题是有用的，刷了能见成效、能出成绩，但往往一到语文就觉得：这东西刷题能刷出来吗？我可以负责任地告诉你：能，但前提是要讲方法。我们刷题的目的，无非是为了巩固学得不牢固的知识点，或者熟悉不同的

命题方式等，但前提是你先要对知识点有基本的了解。如果你对所考查的知识点有哪些都是一知半解，只是两眼一抹黑盲目刷题，肯定是不行的。那么，问题来了——哪里有我们高中语文需要的所有知识点呢？

比如我们几乎人手一册的《语文基础知识手册》其实就完全能够帮助我们很好的学习。翻开目录，你就会发现，它不仅是一本工具书，更可以作为我们进行知识总结的一本教材。文言文翻译考查实词、虚词，这本书里就详细给你介绍实词、虚词；诗歌鉴赏考查修辞手法、表现手法，这本书里一个一个手法给你讲得清清楚楚、明明白白，堪称自学宝典。

那么如何利用这本书来自学呢？

首先，选择语文考卷上的一个模块，比如文言文。我们就用理科的刷题逻辑来对付：第一步，我们先打开这本手册，然后找到里面所有和文言文相关的部分，认认真真看完，并做好笔记。如果这些知识是老师上课未曾重点讲过的，自学的过程中尤其要有耐心。第二步，拿出一本文言文专题卷，开始精做每篇文言文。在做翻译的时候尤其要认认真真按字对照，这个实词、虚词、句式是不是见过的？在基础知识手册里是不是提到过？做完之后红笔批注，如果某个地方做错了或是没做出来，要分析是这个知识点没见过还是马虎了……做它几十篇，这样下去以后再做同类型的题目肯定下笔如有神。当然，除此之外，也可以寻求一些其他资源，比如说一些网络平台上都有很多很不错的免费网课，大家可根据自己的需要去听，不过需要注意几点：一是真的知道自己需要学什么，去"对症下药"；二是甄别一下课的质量，别听质量太差的；三是管住自己的手，别上着上着就去玩别的了。

现在看这个逻辑是不是特别清晰？学习知识点—做题—批阅，其实就是这么个流程，和理科一模一样。上面举例子用的是文言文，其实诗歌、小说、论述文等，都可以用同一个套路解决。所以说，语文不是玄学，也不是洪水猛兽，没有必要对其感到困惑无比。

如果你还记得我前面说的，考查的东西分两种，一种是这种短期内能掌握的知识技巧，可以通过自学并刷题来完成。那另一种呢？另一种，就是真正的所谓"能力"以至所谓"底蕴"的东西了。比如说，假设说你是书香世家，家学渊源丰厚，小时候天天被父母逼着背诵学习四书五经，现在自然一肚子墨水，做两篇文言文不在话下。这种东西需要长时间的积累。当然我知道，对于高中生来说很难再挤出时间留给这种积累了，不过如果你能把上面提到的短期可以"修炼"成的知识与技巧搞定，分数就已经可以达到一个很可观的程度了。如果你平时积累真的比较薄弱的话，建议可以买两套《中国文学史》看看，效率可能相比于把各大名著通读一遍要来得快很多。

总结来说，语文学习其实是一个可以很有章法的过程，重点是你知不知道这个章法，以及你愿不愿意照着这个章法去做。高三一年，我抱着一本《语文基础知识手册》，可以说语文基本没有下过130分，最高的时候达到过144分。不管怎么说，希望同学们能把学习真正当作自己的事情，把语文重视起来、有章法，有条理地去学习——学好语文，真的没有你想象的那么难。

学霸阅读笔记

阅读打卡

新的收获

小　结

第十一课
数学提分很关键，不该被抛弃

高效学习数学的两大维度

    高考数学，向来是拉分最严重的一门学科。考得不好的同学，可能只有三五十分，而考得好的同学，时常能获得140以上的高分。其他科目的分差往往不会这么悬殊。更何况，对于选考了理科的同学，数学更是学好这些分科的基础。

    因此，学好数学对于高考来说，是意义重大的。然而，这并不是一件容易的事情。一方面，高考数学涉及到的知识点不少；另一方面，每一个知识点背后的逻辑又需要花时间来练习掌握。更要命的是，考试的时候，即便是掌握的知识点，也可能因为思路不对而浪费时间甚至失分。所以，想要学好高中数学，确实需要下一番功夫。

那么，到底怎样才能够在高考数学中不至于丢太多分，甚至拿到一个较高的分数呢？其实道理并不深奥，就一个词："概念"。展开来说，就是把每一个数学名词所对应的概念，清晰准确地理解，并能够在题目中进行有效的应用。

可能很多人认为计算、刷题、灵感什么的才是数学学霸们的秘籍。然而，做题不多的我，只是通过把基本的定义和概念理解清晰，并在做题时总结规律，就在高考中取得了不错的成绩。

其实，高考数学并不要求我们像数学家一样天才，它只需要我们能够熟练运用基础的知识，去解决一些不算太复杂的问题，就可以了。

接下来，我将从"知识篇""总结篇"两个维度，来分享我的高考数学学习经验。

知识篇

高考数学中，每一块知识点都有最基础的概念、定义、基本运算等知识。我们首先需要在课本上把相关章节至少反复阅读几遍，把最核心的"概念"弄清楚。然后才能去做练习题并在考试中拿到分数。

具体来说，从知识结构上来分，大体有这样一些模块：集合与逻辑、基本初等函数、解三角形、向量、数列、导数、解析几何、立体几何、概率统计等，再加上一些选修的知识点（可能包括算法、复数、不等式、参数方程、行列式等）。

集合与逻辑这一部分，起码需要知道怎样来表示一个集合，如用大括号怎么表示、中括号和小括号的区别。然后需要知道"交集∩""并集∪""补集CUB"等基础概念。然后需要掌握逻辑中"全称命题""特称命题""逆命题""否命题""逆否命题""等价命题"这些概念的定义，以及相互之间的关系。而更深一步的理解，应该要知道集合与命题之间的关系，即"A推出B"表示"A是B的必要条件"，且"B是A的充分条件"等。

基本初等函数这一部分，首先需要了解基本初等函数包括"指数函数""对数函数""幂函数""三角函数"这些函数模型。然后还得知道各种基本初等函数的定义、奇偶性、周期性、单调性、函数图像以及"经过哪些特定点"这些知识点。

解三角形这一部分，首先需要知道正弦定理和余弦定理的推导过程，一定要自己从头推导一遍。然后还要知道做题时的一些技巧，比如三角形内角和为180°怎么应用［如$Sin(A+B)=SinC$］。

向量这一部分，应该掌握向量的加减法、点乘及坐标表示。并能够从二维向量的概念拓展到三维中去解决立体几何中的夹角余弦问题。

数列这一部分，要求熟练掌握等差数列与等比数列的通项公式与递推公式。然后，需要通过通项公式来算出求和公式，其中等差数列运用到"倒序相加"的技巧，而等比求和则会用到"错位相减"的技巧。此外，还需掌握"裂项相消法"在分式、根号以及对数列中的应用。

导数这一部分，需要知道导函数的定义、导数的几何意义、基本初等函数的导数、导数的求导法则、导数的四则运算、复合函数求导、导数的应用等知识点。虽然导数大题作为高考压轴难度不小，很多同学会放弃，但前面选择题的导数题以及大题的前几问，还是应该拿分的。

解析几何这一部分，需要知道直线与圆的定义和方程形式，然后需要掌握椭圆的两个定义、标准方程、离心率、焦点等核心概念，然后需要对照着去理解记忆双曲线的相关知识点，最后再单独记忆抛物线的一些定义和性质。此外在做大题的时候，要敢于将题目中的条件与圆锥曲线方程进行联立，通过韦达定理将要求的量表示出来并最终求解。

立体几何部分，首先要认识各种空间几何体，会计算它们的体积和表面积。然后需要学会空间中的直线、平面以及它们的关系。能够熟练掌握线面平行、线面垂直、面面平行、面面垂直的判定和性质定理，并用于大题的证明。最后还要熟练建立空间直角坐标系，并用空间向量的方法，计算空间中的角度。

概率统计部分，首先要明白计数原理、排列组合、古典概型和几何概型的模型。其次要了解均值与方差的计算公式，会写分布列，能够用公式处理线性回归与相关性检验的问题。

最后，算法要会看流程框图，能够理解赋值与循环的概念。然后复数需要理解i的定义、实部与虚部、共轭复数、复数的模长等基本概念与四则运算。而选修部分则需要了解基本不等式的若干形式、绝对值不等式的图像、直线与圆的参数方程、椭圆的参数方程、行列式的基本运算、圆内的几何关系证明等。

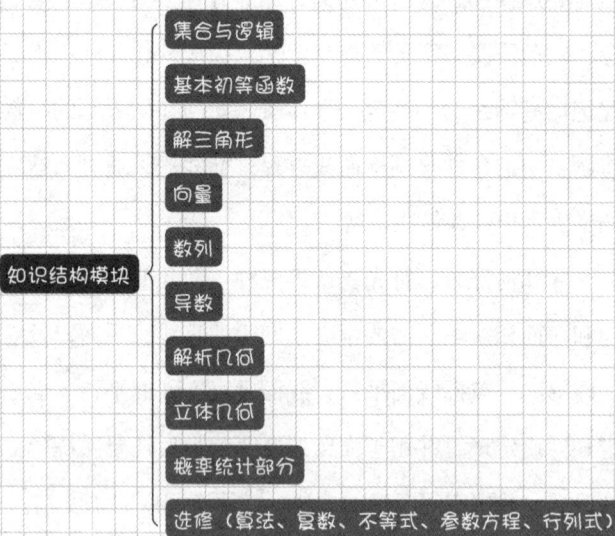

集合与逻辑

基本初等函数

解三角形

向量

数列

知识结构模块　导数

解析几何

立体几何

概率统计部分

选修（算法、复数、不等式、参数方程、行列式）

总结篇

上高中时，我继续发扬我的试错精神——当然不是纪律上的啦。高中时，每天都会有一个叫作大练习的考试，就在班里座位上答卷，试卷老师会认真批、成绩会公布，但是不作为任何评比标准。有些同学就愿意做完之后就近相互对一下答案，赶快把不一样的都改对了再交上去，省得老师批评。而我就不，即使听到别人的答案和我不一样，并发现自己错了，我也宁愿让老师给我批一个红叉来加深印象。这也可以算是一种舍"面子"而学真知的一个例子吧。

有了初中的艰苦奋斗史，高中学起来，虽然课程更多更难，但我在心态上轻松不少。我也体会到了一个清华学长说的一句话："学习不是天生就喜欢的，往往是学得越好越喜欢。"但同时，我也意识到，在喜欢学之前，先逼自己学好，是很有必要的。换个角度，逼自己学好，也是为了让自己喜欢上学习。

有的同学认为学习痛苦，那你认为什么快乐？玩电脑游戏快乐吗？我也爱玩电脑，但你问问自己，你愿意一辈子去玩电脑游戏吗？

我现在感觉，学习是越学越有趣，学无止境，但也愿意随时停下来休息。而很多游戏，则是越玩越无聊，却往往又令你欲罢不能，如鸡肋一般，食之无味，弃之可惜。

当然，玩是人的天性，适当地玩有益健康，体育锻炼更是百利而无一害。

我想说的是，学习真的是一个享受的过程。在这个过程中，只要你不放弃，就有机会收获乐观的心态，得到长辈的力量，不断改进自己的方法，交到许多志同道合的好友，还能有一个健康的身体。何乐而不为呢？

以上，是我的一些经历和感想，如果能对各位读者有些许的帮助，那我就很高兴了。

02 如何在数学的打击中沉淀与突破

数学对于很多初高中学生而言是一座难以翻越的大山，我也曾在学习的路上差点被压垮。这座大山虽然高大，但绝非不可征服，关键在于运用合适的学习方法，并且培养良好的学习习惯。我并非理科天才，却也能凭借理科的优势敲开清华的大门，相信你也一定能做到。

如果翻开初二的数学试卷，在一片密密麻麻的六七十分中，你很难想象这是一个未来的清华学子的数学成绩。从小学到初一，数学于我而言一直是强项中的强项，平时我从没有费心思在这门科目上，但在每次的考试中也都能拿到相当不错的成绩。可当我升入初二的时候，数学就好像突然变成了另一门学科——晦涩难懂、变幻莫测、难以捉摸。我和数学的艰难战争从此开始。

在介绍我的战争史之前，我想先说明这场战争的特点——持久、痛苦，但也充满着意料之外的喜悦。在第一次收获六十五分的数学试卷的时候，我整个人处于混沌的状态。那一瞬间，我很迷茫，感觉面前那条原本清晰的道路变得难以预测起来。数学作为三门主要学科之一，如果成为短板的话，势必成为未来学习道路上最折磨人的痛点。我心怀侥幸，安慰自己或许这只是一次发挥失常，或许下一次状态调整过来就能延续之前的胜绩。然而，一次又一次的低分向我宣告，我轻轻松松学好数学的时代已经过去了，如果还继续以前的学习态度和学习方法，在这场没有硝烟的战争里，我注定是要以一败涂地收场。

痛定思痛之后，我首先收拾好心情，把沮丧和绝望埋在心底，定下心来分析那几张满眼红叉的试卷。在课上认真听老师的试卷讲解，并且在课后请教高分的同学的基础上，我分析总结了试卷上的所有题目——不管是对的还是错的。一番总结下来，我不仅弥补了基础知识的漏洞，还将考试时蒙对的题目中模糊的过程给弄明白了。一些难度较高的提高题，我则对照老师给的标准答案进行理解，在充分理解的基础上，我把题目中的解题思路从题目本身中抽离出来，总结每一步所蕴含的数学原理。

相比起把错题重新抄写、整理在一本所谓的"错题集"上，我更习惯于将每张试卷保存下来，在题目旁边直接记录笔记，这样的话，无论是平时学习还是考前复习，都能节约很多时间，提高效率。更何况，对于初高中的数学而言，出卷人的出题思路是有规律可循的。仅仅把错题抄写在一个本子上，其实无形中打破了可以追寻出题人思路的线索，失去了一种"整体感"。

在做这些的时候，我并没有抱着"下次考到类似的题目我就会做了"的心态。事实上，数学的一道公式能延伸出的题型五花八门，仅仅靠着错题总结积累并不能给数学成绩带来质的飞跃。但总结错题绝不是毫无意义的没事找事。首先，在这个过程中，我将心底的焦虑和痛苦慢慢磨平了——我不是"智商"出了问题，也绝不是没有天赋，而是学习态度和方法不再适用于现在的阶段。除此之外，回顾试卷能让我熟悉命卷人的思路，这让我在学习的时候能更加有条理、有针对性。最后也是最重要的一点在于，通过解剖每一道题目，将题目还原到其最初的模样，我发现数学题都是源自最基础的公理原理。

要想做对每一道题，熟练地掌握基础知识当然必不可少，但这也是远远不够的，还要掌握能够灵活、巧妙地运用数学知识的数学思维。这种思维的培养，绝不是单凭整理错题就足够的。

"培养理科思维"这句话出现在很多数学课外习题册的扉页上，给人一种好像刷完了这套题就能拥有极强的理科思维一般，但事实并非如此。

理科思维的培养是一个任重而道远的过程。我自认为在数学的学习方面仅仅只是一个平庸之辈，即使我如今是清华学子，我仍不敢自豪地说自己理科思维很"强"。从初二到高三的这五年里，我一直在做的是训练理科思维。

　　这种思维的训练，最简单直接的就是刷题。当提到"题海战术"，人们总会觉得这是一个笨办法，好像那些学霸学神从来不需要经历这个过程，就直接能达到让学渣们仰视的高度。但事实上，除去那些现实生活中很难碰到的真正的天才，我们每个人的智商都差不多，真正拉开我们与同龄人之间差距的，是后天的努力和勤奋。这份努力放在数学的学习上，就是在有限的课外时间里高效率的"刷题"。

　　对于刷题，人们有很多误区。有些人认为，刷题就是要在数量上取胜。如果你的竞争对手刷完了一本习题册，你就一定要刷完两本、三本，但这样有可能你还是输了，因为竞争对手可能比你更有效率。所谓有效率的刷题，便是要善于总结思考，而不是打疲劳战。在我的中学年代，身边的很多同学前一天晚上刷题刷到两三点，结果第二天上课昏昏欲睡，既没有从刷题中获得最大化利益，又失去了一节宝贵的课程，得不偿失。现在回想起我初高中的时候，我从来没有在十二点之后才睡觉，但也并没有比别人少做题，究其原因在于我做题速度比别人快。而这个做题速度的优势也并不是我与生俱来的天赋，而是熟能生巧，练多了，自然而然速度也就上来了。除此之外，还有人认为刷题一定要刷难题才有意义。对此我保持中立态度。我在刷题的时候，自然也会刷一些难题怪题，但这并不是我的重点所在。毕竟初高中的考试试题还是以中等题为主，难题怪题耗时耗力不说，从效率的角度而言也并不适合把时间全部分配给它们。

在调整了"战术"——学习方法之后，我的数学成绩从初二下学期开始有了明显的提高，但在初中时代，数学依然不是我的强项，只能算是没给我拖后腿。

刚上高中的时候，数学的难度更上一个台阶，伴随着其他科目同时增加的压力，我能够分给数学的时间越来越少了。这时，我调整了我的刷题战略。在初中的时候，习题册上的每一道题我都会认真写一遍，从基础到中等难度，再从中等难度到难题，尽量模仿考试时候的节奏。上了高中，在有限的时间内，我选择根据课内作业的正确率来选择课外刷题的题型和难度。比如某个知识点的相关题目，我课内作业正确率很高，那我就会在课外刷一刷相关的难题加深理解。如果某个知识点我正确率很低，那我就会在课外找一些基础题来加深对基础知识的理解，如果时间允许的话我再去找一些难题进行提升。在考前，初中时候我逢考必先做几套完整的模拟卷，而高中的我则更偏向于去翻看一遍之前的作业和试卷，查漏补缺。如果刷题强度上不来的话，那就要尽可能地提高刷题的效率。

在保持这样的学习节奏之后，我的数学成绩一直处于班上的前几名，高二分文理科之后，我在理科班的数学成绩更是名列前茅。但是我的成绩在一段时间内并不是很稳定，总是高高低低，原因在于我在考场上总是犯一些低级错误：这边看漏了一个符号，那边计算出了些问题……林林总总，让我在考后经常懊悔不已。于是我下定决心，在分数问题上决不让步，会做的题一分都不能被扣掉。

要想减少低级错误，刷题其实是很有帮助的——它能让你形成一种手感和做题习惯，进而能够降低出错率。但这样的效果是有一定的刷题强度的要求的。刚升入高中的时候，由于我各科的水平还没有提升上来，我的做题速度相较于初中是有所退步的，刷题的量自然也就下来了。这时，我采用了第二种战略：制订惩罚措施。如果某次作业我错了不该错的题，那么当天的加餐：奶茶、夜宵、炸鸡……就全都与我无缘了。这个惩罚对于一个货真价实的吃货而言还是相当有威慑力的。但正如我一开始所说的，这是一场持久战。提高正确率绝非一日之功，而需要日复一日的积累和周而复始的磨练。

随着考试科目的增多，怎样高效地利用和安排好时间是重头戏。比起每周一就制订好接下来整个一周的学习计划，我更习惯每天放学回家后先静下心来，把还没解决掉的课内作业好好完成，之后再根据剩下来的时间和精力合理安排学习。

正所谓"磨刀不误砍柴工"，每天都制订不同的学习计划看似有些麻烦，却很有针对性。比如某一天的语文作业特别难，耗费了你更多的时间和脑力，如果还死板地按照一贯的学习计划去做课外的练习，难免徒增学习的痛苦程度，最终的收获也不会特别大。这时，与其勉强自己去翻开语文练习册，还不如把多出来的时间挪给数学等其他科目；再比如某一天你在写物理作业的时候，有几个知识点怎么也弄不明白，虽然写完了课内作业但还是觉得有一些模糊的地方，那么当天的物理练习便可以适当增加强度。在这样的学习计划的安排之下，我挪给数学的时间会根据每天的情况各有增减，最后取得了事半功倍的效果。

除了在平时的学习上下功夫，数学也是一门非常注重考场发挥的学科。在初中数学成绩不稳定的那个阶段，我最害怕的就是数学考试——深知其可怕的我甚至在做第一道基础题的时候手都会颤抖，一直要到考试进入中场阶段才能进入状态，这样导致的结果就是，每次我一检查，就会发现考卷的前几道最简单的题总是出错，这和上面提到的粗心出错还不太一样，究其原因，更像我被考试吓昏了头脑，连带着眼睛和手也开始犯糊涂，不是看错就是笔误。这种错误只要有时间检查，一般能查出来——但如果没有时间检查呢？我身边很多同学，都致力于尽可能快地写完试卷，然后留下充分的时间去检查第二遍、第三遍、第四遍……有一段时间我也采取这样的考试战略，但渐渐我发觉这种战略既疲劳又低效，不仅第一次做题的时候匆匆忙忙，甚至有的时候所谓的二次检查不过是在重复第一次做题时犯的错误罢了。

于是，我改变了考场战略——在第一次做题的时候尽可能细心，争取一次做对。这时有些同学可能会担心时间上的问题，其实如果做到平时训练有素的话，正常难度的考试中时间并不是个很严重的问题——当然你得做到以下几点：首先，做不出来的题一定不要死磕，而是先跳过做后面会的，争取会做的分一定拿到手。其次，在平时的训练中提高对时间的敏感程度，千万不能已经过了一个小时却还以为只过了十几分钟。

考场的时间固然宝贵，但在需要的时候也千万不能吝啬。审题要慢，计算更要慢。如果答题过程中的某一步出了差错，之后的一切工作都是徒劳的；如果一开始题目给的条件都看错了，那更是一分也拿不到，无论做题做得有多快，都没有任何用处。在认真仔细的做完一遍试卷之后，如果还有时间，就可以沉下心来思考之前没有做出来的难题。当整张试卷做完，负担减轻的情况下，你才更有可能拓展思路，寻找别的出口。

总地来说，数学这门学科，功夫主要在平时，但考场上的发挥也至关重要。就好像"台上三分钟，台下十年功"。十年的功夫自然辛苦，但若是没有把握好那三分钟，这十年的功夫也算是白费了。幸好，数学不像表演需要天赋的加成。像我这样平庸、曾经被数学打落深渊的人，都能够凭着努力和汗水，在合适的学习方法的指导下让数学成为我的优势科目，并将这份优势延续到大学的学习中，我相信你们也一定能在和数学的这场战争中成为绝对的优胜者。

在数学的打击中淡定与突破

- 我首先收拾好心情，把沮丧和绝望埋在心底
- 我分析总结了试卷上的所有题目
- 总结错题绝不是毫无意义的没事找事
- 掌握能够灵活、巧妙地运用数学知识的数学思维
  - 有效率的刷题，是要善于总结思考，而不是打疲劳战
  - 我在刷题的时候，难题怪题，这并不是我的重点所在
- 注重考场发挥
  - 做不出来的题一定不要死磕
  - 在平时的训练中提高对时间的敏感程度
  - 审题要慢，计算更要慢

学霸阅读笔记

阅读打卡

新的收获

小 结

第十二课
高分英语，找到窍门很重要

01
英语如何提分

要想把一门课程学好，课上和课后一定要两手抓，两驾马车齐头并进，一个都不能少，绝不能在任何一个上面掉以轻心。

上课专心要记牢

首先，我们来谈谈上课时间你需要注意的。

爱上你的老师！同学们或许发现：一般来说，如果你比较喜欢某一门课的老师，那你在上这门课时就会比其他课更加专心，而且由于你是带着极大的热情去学的，学习效率也会相应提高。即便你在这门课程上的成绩不好，因为喜欢，你也会去主动反思、主动提高，不辜负自己，不辜负老师。所以说，兴趣是最好的老师，对喜欢的课程和喜欢的老师，同学们都会抱着极大的热情和耐心。请先让自己喜欢上这门课程和这科老师吧，这本身就是一件非常积极向上的事情！

相信你的老师！现实生活中，我们并不一定喜欢每一位老师，有的同学甚至会因为讲课方式或者其他方面对老师不信任，然后对其教学能力产生质疑，质疑一旦产生，这门课程的学习效果一定是打折的，进而你对这门课程的信心也会下降，学习热情和积极性都会在无形中大大降低。在我看来，既然老师能成为老师，那他就是经过重重考验被选择的合格的人选，是能给你传道授业解惑的。而且就算你不喜欢他，也没有多大机会换班，既来之则安之，与其质疑，不如多些信任。在老师的引导下，顺着他的思路去理解、去思考、去记忆，定然会有一些成效，而老师也会感受到你的学习热情，反过来更加满怀热情地帮助你，这样就会产生一个学习的正能量环。

积极的课堂互动。这里有一些小技巧可以帮助我们更好地进入状态，比如增加和老师的眼神交流，让他知道你在参与、你在倾听；或者用一些面部表情，碰到不明白的地方就大胆举手提问，胆子比较小的可以通过皱眉、挠头等姿势让老师注意到你。其实老师在讲台上，每个学生的表情和姿势都能看到，所以他也会知道你在这个地方卡壳了，就会再细化讲解。当你终于明白时，可以点一下头或者做一个恍然大悟的表情。这样一节课下来，就像在与老师交朋友、做游戏，这个过程会变得非常有趣，枯燥乏味的课也变得生动起来，我们也有所收获，何乐而不为呢？

放学注意自控力

在放学后，不管是在学校上自习还是在家里写作业，良好的自控能力是必需的，它在一定程度上也代表着你的专心程度。如果你能把控住自己，那么你就可以花更多的时间在学习上，然后慢慢进入学习的理想状态，从而更快更优地完成作业、巩固知识。但是绝大多数同学都会忍不住去玩个游戏、刷个微博，骗自己说只玩10分钟，到最后1小时过去了还是无法收手。相信对自己成绩不满意的同学，尤其是学习成绩处在中下游的同学肯定都会有这个烦恼。电子产品在多数情况下是一个充满诱惑的拦路虎，让我们的学习效率降低，然后陷入"学习到深夜—睡眠时间减少—上课犯困—听课效率下降—知识点缺失—写作业难度加大—学习到深夜"的恶性循环。

针对这个问题，我试过最好的办法就是列时间表，现在到了大学还在用这个办法，还是非常有效。如果担心自己不能执行计划，可以用手机依照时间表上的时间定几个闹钟，就像学校的上课铃和下课铃一样。当然，中间一定要留有一定空隙，让自己休息一下，5-10分钟为宜。或者向家长求助，让他们配合你的时间表去提醒一下是该写作业了还是该放松了。这是终极法宝，百试百灵，而且家长也一定乐意去配合的。要有壮士断腕的决心，最好自己主动把手机上交，让自己"被迫"去好好学习。

时间规划要科学

英语是一个需要大量记忆和背诵的学科，而且通常背得越多效果越好，所以除了上课的时间，平时尽量多抽出一些时间来背单词短语。

我相信大家放学后的家庭作业中也难免有英语这一项，可能是抄写单词短语，可能是做练习题，但无论哪种，在做的时候都要全身心投入。这时候环境很重要：一定要安静，不要一心二用，边听音乐边写作业不可取，哪怕是纯音乐也不行。以前，我经常在写作业时听音乐，五道题里错三道也是常有的事，而且还都是些低级错误，同时也浪费了大量时间，所以我非常不提倡这种方式。正确的写作业方法，应该心无旁骛，抄单词或者做习题时碰到相关的单词或短语就在脑海中快速回忆一遍，包括它的词义、相关短语以及与其他易混淆单词短语的鉴别。按照如上建议，在做作业的过程中你就已经在无形中把白天学到的知识复习了一遍。

除了写作业的时间，其实生活中很多零碎的时间也是可以挤出来的：比如坐公交车时，拿着自己整理的单词本背上几个单词和短语；洗澡时回忆一下当天学的内容；上厕所时看一篇比较有趣的英语阅读等。时间真的是海绵里的水，挤一挤就有了。每个人的生活状态不同，具体挤时间的方法也不同，上述的只是我自己试过且行之有效的几个小方法，因此推荐给大家。下面是我高三时采用的时间规划，仅供参考。

时间（段）	应做事项
6:30	起床
早读前	背单词，练听力
中午	午休（40分钟左右）
午休结束～下午上课前	复习上午所学或预习
晚饭后	写作业
作业写完后	整理笔记、便携英语本、英语卡片等
23:00~23:30	洗漱，睡觉

个人觉得参考教材不用买太多甚至不用买，因为英语的练习题量一般是够用的，买了也做不完，用学校推荐的就好。我在高中时用的是《世纪金榜》和黄冈系列丛书，感觉还不错，尤其是前者的英语，整理得非常细致且有条理，知识点也很全面，编排非常好，书页的下方还有一些笑话之类的内容，能让我在学习之

余轻松一下。

辅导班的话，如果上课能听懂、作业会写，就没多大必要上辅导班，不过要是学校组织的提高班、竞赛班的话，还是非常推荐去的，都是本校有名的老师来讲，值得一学。而且在这种课上一般可以多做几份真题，比其他同学要抢先一步。最重要的是，老师讲的都是课上的一些重点和难点，不会的给你讲得学会了，原来就会的加深一下印象，总不会吃亏的。当然，前提是你得认真。

考前抱佛脚

俗话说："临阵磨枪，不快也光。"考试前一天，一定要把自己平时整理的错题本和单词本再翻一遍，平时整理的作文金句、高分短语必须过一下，不要让时间白白浪费，要相信临阵磨枪还是有一定作用的，当然这是建立在你平时就已经翻看过这些小本并且把上面的知识点记住了的基础上。晚上一定不要过度放松，适当的紧张有助于头脑更加灵活，两个小本子将会是你非常有用的帮手。考前更要比平时注意休息，最好不要太晚，以接近于平时的作息时间为宜，但如果自己平时就睡得很晚的话，那么就不建议考前睡得太晚，最好是不超过12点（仅根据个人情况）。当然，在一些大型考试的前夕，学生们难免会有一些紧张，也难免会有一些学生紧张得睡不着觉、失眠。要记住：哪怕彻夜未眠，也不会太影响你的发挥的！我高中时的副校长就经常给我们讲一个实例：一个同学在考语文的前一晚失眠了，他很害怕，就给副校长打电话。副校长就告诉他："三年学的东西都已经印在你的脑子里了，只是一晚上的失眠，不会撼动这三年的知识基础的。"最后这个男生考了当年省内的语文单科状元。所以，希望大家在任何时候都保持镇定，不要轻易地否定自己、自乱阵脚。

除了学习，在饮食方面也要注重营养均衡搭配，这主要是家长的工作。除了多吃水果蔬菜，肉蛋奶也不要落下。学习是一件很消耗能量的事，有研究说在学习时消耗的能量是运动的三倍，所以蛋白质的补充很重要。如果条件允许要买一些补品的话，建议先向医生咨询一下，因为补品的选择、剂量也是很重要的。

最后，祝大家学习顺利！

02 英语不下140分的秘诀

2016年8月底，带着准大一新生对未来美好憧憬的所有心之所向，我来到了国内顶尖的高等学府——清华大学。蠢蠢欲动的期待之一便是可以见识到更好的外语环境：可以熟练地翻阅外文资料，可以流利地与外籍教授、同学讨论问题。清华大学的英文授课很多，也会碰到很多大洋彼岸的留学生，甚至有很多与国外交流的机会。英语是大学四年乃至日后步入社会与人交流的一项很重要的技能，这一点是不言而喻的。

我的大学是以一场英语分级考试为开始的。答完试卷，身边的同学有的担忧喊难，有的自信满满。我是第三级，一个勉强优秀的程度（四级最优）。后来我看过那场考试中某个四级女生在"新生梦想"（类似于年级活动）中的展示：她是个足球迷，计划着去做2018年世界杯的志愿者。现在三年过去了，我与这个优秀的女生交集不多，不清楚她是否如愿以偿，但仍然记得那时的自己，作为听众是淡淡艳羡和深刻反思的。

我的高考英语成绩是146分，高中三年英语大考小考低于140分的成绩几乎没有过。这是一个看起来还真挺不错的成绩，但只有自己知道我还存在很多问题。浅显一点来讲，假如考了140分，会因为没有够到145而真心觉得自己没有那么厉害，考到了145又会觉得既然卷面仍然有出错的题目，就还有向着满分进步的空间。更深入一点，我觉得英语很厉害的人，应该是很熟悉各种类型的长短句，可以像英语母语者那样准确理解文章里每一个词想要表达的含义。最重要的是，他的听力和口语能力一定要特别好。显然，这样的目标，是我现在还在努力靠近的。

谈起英语的学习方法，我有5个关键词：态度、努力、方法、兴趣和有效性。这些最诚恳的表达并不是最厉害、最神奇的秘籍，只是一个高考过来人为了高考、为了更多的具体所想所为的回顾与分享。

态度

第一个说起态度，是因为当年我作为班级的学习委员所经历的现在想想都会令人头皮发麻的事——英语老师抽查作业。当抓到一堆要不然应付差事、要不然空白一片、要不然抄袭的同学之后，我总会无措，思考自己能在老师们和同学们两边做些什么。

高中生似乎更愿意把时间多偏些给数学、物理这样听起来比较难的学科。我从没有违心大胆地不交作业过，但我猜测，不在英语上下功夫的同学们的理由大概是英语偏向记忆，技术难度要低于数学、物理这些需要思维的课程，所以只需临时抱一抱佛脚；或者是因为英语作业的性质有时会很灵活，比方说背课文、积累文章等，多是不会在第二天被抽查的任务，就会无所谓地偷一偷懒……

我对英语的理解是，它是一门需要积累的学科，也是一门难度较大的学科。积累是一个习惯养成的过程，是一个量变到质变的过程，听起来比灵感迸发或者说刷题多少要朴实许多，但我觉得它是一个难得让人放下浮躁的修炼的机会。那么，态度就是对学习这门课的目标动力进行深刻自我认知的概念。

想要上大学之后有出国交换机会或者在国外留学，或是单纯地希望自己看英文电影电视剧、收听节目时不再费力地暂停去读字幕甚至更不济要借助中文字幕，或是希望自己在旅游时碰到外国小哥哥小姐姐可以勇敢地搭讪，或是在外国朋友问路需要帮助时，你可以与他们毫不费力地交流……这些想法不分远大平凡，因为英语作为一门语言本就是一项生存技能、一种用于传递信息的媒介工具，只要是真的用心有过这些想法，那么认真学习英语就会有明确自己的态度之后该有的样子。

　　一些很拗口的句子，或者是正宗的英语发音下的听力都可以变成一件不怎么简单的挑战。英语的四大块——听、说、读、写的提升其实都是大量积累之后的结果。而且英语学习的积累是一件实操过程中非常容易放弃的事情——在听录音时你可以不厌其烦地听多少遍？在听不懂的时候，你会耐着性子倒回去重放多少次？甚至说有时在没有听力材料盲听的情况下，你并不能及时知道听到的每一句话究竟是什么意思，只有随着英语学习时间的增加，词汇量一点点增长，可能很久之后的某一天再来听时才会柳暗花明，这样的情况，你又能不能坚持呢？很害怕在公众面前讲话，还要讲自己没有什么把握的外语时，你又能不能坚持把握每一次机会，并且认真准备，提前模仿练习很多遍呢？又能不能做到放慢阅读速度，在读每一篇英语文章时暂时不计较作业费时的问题，认真积累生词生句，抑制住自己去直接看汉语译文的本能冲动？或者说，你很久之前有过的写英语随笔或每天记英语日记的想法，能不能付诸行动并且不找借口地认真完成呢？

这里的每一个问题，改成一个肯定的答案都是一个英语学习中值得培养的习惯。这些事情其实都不能算作非常难以完成的庞大任务，但如果用心去做，每次花的时间也不会非常短，而且需要日复一日的坚持。蜕变在于，如果真的有一天这些事情成为你的习惯，这是一个很值得骄傲的成功的经历，同时也会有必然的实际进步，你会发现自己感受到的难度越来越小。

努力

确认自己的态度会督促自己寻找一些值得坚持的好习惯，并有心付诸行动。但努力是把想法转化为实际做法的概念。就像上面提到的种种，是要不怕困难、坚持每日打卡，最终才能有所进步的。努力，是最容易说的一个点，因为它很好理解，明显地体现在一天中你专注于这件事情的时间上，体现于你在这段时间中的用心程度上，把自己的成果即学到的知识写到纸面上是最有效、直接的检验方法。

方法

在这个关键词下，每个人的技巧和看法的差别就会显现出来。我想谈的是关于单词积累的方法。我自己试过很多积累单词的方法，如背词典，或者在做阅读时逢生词就记到积累本上等，不过收效甚微。方法本身看起来可行，听起来也很厉害，但还是要看适不适合自己，以及坚持下去的难易程度。

我认为，单纯地记忆单词——知道其如何拼写、知道其汉语意思，实在是过于枯燥也体现不出其实用性。学会一个单词是能够熟练地让它频繁正确地出现在你的对话或写作中的，根据这一点，我反而不强求自己背出多少单词，而是让自己勤快些，多翻词典。有时可能我乍一看到的单词记不起来，可当拿起词典翻页时，因为查阅几次就会有一种熟悉感，很容易在看到释义之前就想起单词的意思。在这种积累方式中，可以把生词放在语境中，认识单词的同时也让我可以反复阅读那个句子，这样做能够不停地对这些新词加深印象，慢慢地，就能理解它表达的真正含义并模仿着运用它。另一点值得一说的就是，当遇到难以理解的长句或者说这个句子中有很多不认识的生词时，我通常都会好好安抚自己，再多一些耐心，再读几遍文章，同时尤其注意断句的重要性。

在平时刷题过程时，我一直认为阅读中没有注明单词意思的一般是默认你应该会的，只有一些专业性比较强的词语或难度比较大不常出现的词语才会有中文注释，所以我从不会埋怨题目出得难，而是庆幸自己的词汇量"漏洞"通过阅读还能补回来。此外，锻炼自己灵活联系上下文去合理猜测句子的意思也是刷题的一个关键，所以只要再多做一点点，你就可以克服这些难题。

兴趣

我想说的是，单纯靠听起来诱惑力很大的兴趣来督促自己学习是不能长久的。投入大量时间听英文歌曲、看英文电影对提高英语水平有很大帮助的想法，是我所要分享的想法的很好例证。听歌看剧是一个很不错的兴趣，但是我的观点是，有所成与欢愉一定是不能同时得到的，"鱼与熊掌不可兼得"是大家都明白的道理。一方面过于片段化的句子和不太规范的表达要当成主要部分去坚持学习，一定不是最有效率的；另一方面在娱乐因素的干扰下，真正学习英语的初心淡化了多少、剩下了几分是值得自己反思的问题，或许你会发现自己只是在投机取巧，想要逃避获得成功所一定要付出的代价而已。真心想做好一件事，便要做好吃苦的准备。达成目标的过程一定会在某一点上让人受尽折磨，不过也正是这样的特点，当这件事情圆满结束之后，你才会有满满的成就感。

有效性

我的解释是取得进步是一个实实在在发生的事情，讲得直白些就是看起来非常辛苦的过程如果最后没有效果，其实是没有用的。幸运的是，这种矛盾只会发生在你只是看起来努力的情况下，任何有效的努力都一定会有好的结果。在认清楚这一点之后，就要明白及时检测自己学习成果的重要性，也就是及时跟进、知道自己在成长。逃避复习往往有两种情况——一种是急于求成，想要一刻都不停地向前奔跑；另一种是明明白白地在逃避，不愿意面对自己无所成的结果，而且知道自己其实没有计划中的那样努力。前者心太急，中间休整是防患于未然，不做南辕北辙、影响效率的事情；后者是从一开始便怕吃苦，只能辜负自己。那么，避免无效性，在实际中需要做的事情又是什么呢？我的一个很简单的习惯是，当天学习当天的任务的同时复习头一天的所学，第二天复习头两天所学……根据自己的情况确定上限在哪里，这个其实依据的就是及时复习、让知识不断反复巩固的原理。最后每一个星期回顾一次自己记下的单词、句子结构、高级表达，等等。日积月累，一定能有一个质的改变。

总结一下，态度是一个本质的东西，会让自己在松懈的时候找到一定要自律的理由，所以要认同"英语很重要，它是一门需要用心对待的学科"，要有积极的态度。努力是一个必然经历的步骤，要知道自己需要努力，还要意识到总有人会比你更努力。方法是一个需要摸索、即使借鉴来也是需要试探的机缘巧合的东西，并且这是建立在你踏实做事的基础上的，方法不需要很多，找到一个适合自己的就足矣，找方法与长期坚持这二者一定不要本末倒置。兴趣是一个很虚无缥缈的主观感受，而且需要警惕它与享乐挂钩，坚持着不放弃的动力，从来不是浅薄的兴趣，而是自律和毅力。最后，一定不要让自己去做无用功，即确保自己学习的有效性，很简单的做法就是定期停下来回顾、反思、调整。

"A happy life isn't hard to come by. The trick is to not regret the choices you made along the way."（平安喜乐的日子不难有，关键在于不要为你做出的任何选择而感到后悔）。我们共勉！

听说读写的提升其实都是大量积累之后的结果

态度
- 英语是一门需要积累的课程
- 积累是一个习惯养成的过程，是一个量变到质变的过程
- 态度是对学习这门课的目标动力进行深刻自我认知的概念
- 认真学习英语是明确自己的态度之后会采取的顺其自然的做法

努力
- 督促自己寻找一些值得坚持的好习惯，并有心这样做，把想法转化为实际做法
- 努力体现在一天中你专注于这件事情的时间上，体现于你在这段时间的用心程度上

方法
- 单纯地记忆单词
- 学会一个单词是能够熟练地让它频繁正确地出现在你的对话或写作中

过于枯燥，反映不出实用性

兴趣
- 单纯靠听起来诱惑力很大的兴趣来督促自己学习是不能长久的
- 真心想做好一件事，便要做好吃苦的准备

"鱼和熊掌不可兼得"

有效性 — 看起来非常辛苦的过程如果没有效果，其实是没用的

英语不下130分的秘诀

学霸阅读笔记

阅读打卡

新的收获

小 结

第十三课
理科成绩，质变之下的秘密

物理提分技巧

物理是一个难度相对较高的学科，我在高中刚开始时面临问题最大的学科也是物理。学生对物理的学习，得先进入"雾里"才能"悟出"道理，很多公式、定义乍一看十分简单易懂，但是到运用时容易丢三落四，或者考虑题目不仔细，把一些条件遗漏。如此令人挠头的学科到底该怎么处理呢？

学习方法

首先，注重概念、公式的理解。许多人认为这是老生常谈，但其实不然。

不同的阶段对于概念的理解是有不一样的层次的。概念是整

个物理框架的基础。举个最简
单的例子，如速率和速度，当
你知道速率只是一个纯数字、
没有方向，而速度是有方向的
时，这叫知道它们的概念。但
是当你能看出右图从A沿曲线
走到B，通过相同的时间，直
线距离除以时间为速度的大

小，而曲线距离除以时间为速率的大小时，便是真正地理解了这
一点。对于这样的概念，对比记忆有助于加深理解。

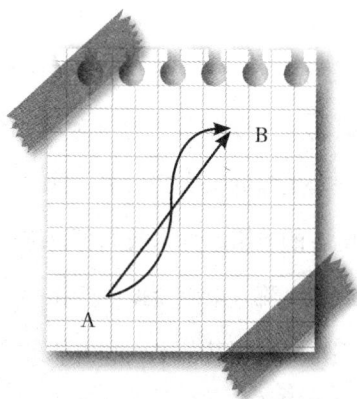

除此之外，对于公式的来源保有童真的好奇心，很多时候要
想真正记住一个公式最好的办法是具体地推一遍。例如在理解电
容器的电阻时，如下图所写：可以根据已知的电阻值等于电压有

设交流电 $u = U_m \sin \omega t$.

则 $R_c = \dfrac{U_{\tilde{\pi}}}{I_{\tilde{\pi}}} = \dfrac{U_m/\sqrt{2}}{I_m/\sqrt{2}} = \dfrac{U_m}{I_m}$ ①

$u = \dfrac{q}{c} \Rightarrow I = \dfrac{dq}{dt} = c\dfrac{du}{dt} = c U_m \omega \cos \omega t$. ②

联立 ①②得

$R_c = \dfrac{U_m}{c U_m \omega} = \dfrac{1}{c\omega} = \dfrac{1}{2\pi f c}$

效值除以电流有效值。推导公式的另一个好处便是能够串联起很多知识点，例如在这个公式中正余弦曲线的有效值为其最大值除以 $\sqrt{2}$，电流值等于电荷对时间的导数。同时对于公式的理解，另一个更深的层次便是举一反三。这个公式推导的是正余弦电流下电容的电阻，那么我们可以进一步想，如果是方波，或者其他形式的电流，电阻会发生变化吗？其实从电阻的第一个等号后，我们可以发现其与电流和电压的有效值的形式紧密相连。因此，对于不同的电流形式可能会有不同的表达形式。当能够对于每个公式都有这样深刻的思考时，我觉得物理学习的难题也就迎刃而解了。

其次，课后习题可以在预习时提前做完，课后习题有助于在预习时找出自己存在的不足，同时对于知识点的涵盖面是有一定代表性的。对于很多概念的判断，回答题尤为重要，曾经我也不重视，但是在复习时会发现这些概念还没有完全掌握。

最后，关于笔记，物理学的笔记需要着重于公式及应用条件。很多时候看起来可以用的公式，但是条件不同时，所用公式也完全不同，比如说动量定律和其他能量定律，能用其他能量定律来解的题一般都可以使用动量定律解答，反过来却不一定了。这也是很多出题人容易布下陷阱的地方。建议记笔记的时候，可以在有相似运用条件的地方标注这几个公式的页码进行对比记忆。

学习技巧

上面讲了学习的方法，接下来让我们看看学习物理的技巧。在做练习的时候需要注重解答过程本身，规范作答，养成良好的习惯。

刚开始学物理的时候，我读完题就马上作答，但到后面慢慢意识到这样的过程过于粗糙，而且会导致自己忽视很多的细节。后来经老师启迪，采用了已知、求、解的规范形式。可能大家会认为这很教条，会困住自己飘逸的思想。但仔细分析，你会发现这种形式是最具逻辑美感的解答方式。当完成题目阅读时我们首先应该明确的是我们目的是求什么，我曾经有许多次不按规范形式操作，发现自己解了题目没有要求的量导致浪费很多时间。而通过写已知、求，保障了我们在要求的范围内作答，一个很好的比喻便是"带着镣铐起舞"，同时知道要求什么。那么，如何进行下一步呢，便要已知来帮助我们了，已知是我们绕过题目的迷雾进入真相的桥梁。根据已知我们才知道可以利用的有哪些，又可以运用什么样的公式最终得到该结果。这样便是解决问题的一个良好框架。同时还需要标注公式，因为公式是你的步骤所在，高考也是按步骤给分的。最后，不建议解答时带入数字。因为，有可能因为紧张等情况计算错误后导致一系列结果的错误。相反，如果你不带入数字，得出了正确的表达式，那这系列的步骤分就都有了，要错也只会错最后一步。

02 攻克化学的技巧，"90+"so easy

化学和生物都比较类似文科，要求记忆的东西很多，但同时也会偏重于理性思维。相比于生物，化学更强调知识面的广泛。

首先，一个比较重要的点还是注重概念和知识点的理解。相比于物理，化学的概念题会比较直接。例如：当谈到电解质时，其定义是在水溶液中或者熔融状态下可以导电的化合物。那么，能导电的单质石墨等就显然不属于这一类。因此，对于化学的概念上的记忆也会要求较高。

其次，注重课后习题。有许多拓展内容会出现在课后习题中，例如，生物质能的定义便出现在人教版《化学必修二》第二章《化学与能量》中第一节的课后习题中。有时候高考会直接将其作为一个选项纳入考题中，因此，课后习题中的拓展知识也是必不可少的一个关键点。

最后，关于化学的笔记。课上老师的笔记一定要记全，课后能够按照笔记回想起老师当时的讲解，这一点想必大家都知道，而我要说的是，可以在做完笔记后把一些重要的知识点记在课本的开头，以后避免在一些已经完全掌握的知识点上浪费时间；也可以作为考前的一个突击资料，当复习得差不多的时候，临考前几个小时可以看看这些你认为重要的知识点，它们在考试中占有很大的比重。

关于化学科目有哪些学习技巧呢？首先要知道化学对于情景应用的要求能力较高。首先，还是建议使用错题本，由于化学科目的特殊性可以视情况来选择是否要加上多方法解答。但是，最后的错误原因和如何避免错误是一定要写上的。这就好比骑单车时，当你经过有个隐藏的很深的泥沼的某条路，栽倒过一次之后你就会产生警惕，并能够在下一次遇到时知道该如何最快地处理，因此这两点是十分必要的。错题本建议采用活页的形式，当你对一些题目已经了然于胸，知道自己不会再犯时就可以丢掉了。因为整个高中三年你刷过的题是非常多的，如果临考前你再细细地复习的话会占用很多时间。

其次，可以在错题本的最后一页加一个你在题目中遇到的具有拓展性的知识。例如，铬酸银是砖红色的，等等。这样的知识在一些推断题中具有很大的用途，就好比玩你画我猜的游戏时，知道该物品的特征越多你就能做出越精确的判断，在做推断题的时候亦是如此，当你知道了很多拓展的信息，一旦出现了你不太熟悉的东西，也可以根据拓展的知识很快做出判断。

03 生物不难学，关键在学习方法

相对于化学而言，生物的记忆会更加注重准确性。有时候几个字的差别会产生完全不同的东西。因此对于学习方法最重要的一点，首先就是在理解生物概念和知识点的同时强调记忆的准确性。举个最简单的例子，"双缩脲试剂"和"双缩脲"有着很大的不同，前者是检测蛋白质的试剂，而后者是一种化学物质。可见对于这样的概念是一定要着重区别开来的。而且对于含有知识点的一段话都需要记忆，因为很多时候这段话就是答题的一个主旨句，根据主旨句再对应到相应的题目中做出解释即可。同时要注意资料卡片中的东西，例如在讲基因的本质的时候，旁边有个相关信息的卡片里面提示了T2噬菌体60%是蛋白质，40%是DNA。这些都是很重要的知识点。

其次，是注重课后习题，相比于物理和化学，生物的课后习题会更加重要，因为它会引导你思考很多具体的应用场景，例如人教版《生物必修二》的第二章最后的自我检测中，提到了这样一种场景——"牝鸡司晨"即下过蛋的母鸡变成公鸡的场景，这道思考题提供了一种有别于平常的思路。有很多高考题目便是来源于此，甚至只是其简单的变形。

再次，注重课本上的实验是怎么设计的。所谓万变不离其宗，生物是一个实验学科，实验思路尤为关键。其中，最重要的如控制变量法等思路是极其关键的。在学习时从实验思路到实验器材到实验步骤都是需要严格注意的。平时的时候可以多思考为什么这样设计，这样设计的好处是什么，可以优化吗，如果要优化该怎么做。当这一系列问题都思考清楚后就能够真正掌握其精髓。其中，一个最经典的例子便是对于遗传物质的探索时，艾弗里的体外转化实验有较大可能将产生稳定遗传变化的物质指向了DNA，但是同行产生了质疑，因为DNA纯度最高的时候也还有0.02%的蛋白质，进而产生了赫尔希和蔡斯的同位素标记实验。这便是一个改进途径。

学习方法

对于生物来说，框架性的东西显得更为重要，因为生物很多题目都是论述类题目，当有个大的框架在心中时，对于快速反应考察的知识点范围是很有帮助的。所以，我们可以根据自己的理解写一个框架。然后，根据这个框架来记忆所学过的内容，务必确保记忆的精确性。

经验总结

总地来说，所有的学习科目都离不开总结两个字，时刻地总结自己学过的东西、自己犯过的错，才能为成功奠好基础。厚积而薄发，滴水而穿石，一旦养成良好的学习习惯，其力量无穷已。本文都是我的个人经验之谈，更多地为大家展示了这样一条可行且行得通的道路，希望大家能够早日找到适合自己的方法并取得成功。

第十四课
文科学习，日渐增进的技巧

01
政治拿高分不是梦

高中阶段，我们在学习新知识的同时，也在关注高考命题趋势的变化。就政治学科而言，我们拿新课标卷这几年的设问来看，不难发现，设问类型大致可以分为两种，一种是A→B影响型，一种是原因型。不同类型的设问，使用不同的解法，会让我们做题效果更佳。下面，我们具体问题具体分析。

A→B影响型设问

遇到A→B影响型类的设问，我们可以使用转化法来解决问题。

拿2019年高考文综政治真题试卷（全国Ⅰ卷）举例，"结合材料并运用《经济生活知识》，说明中国进一步扩大进口对国内经济的影响"。

我推荐的做法是，从设问中得出 A、B 分别是什么，将 B 对应回课本，看看什么方式可以促进 B。在这一设问中如何对应呢？B 是国内经济，那就是如何促进国内经济的发展。促进经济发展，无外乎几个点：从宏观层面来说，转变经济发展方式，调整经济结构，优化供给侧结构性改革，发挥市场配置资源的决定性作用；而从微观层面来说，就是激发企业活力，刺激劳动者的劳动积极性，发挥科技作为第一生产力的作用……

这时候咱们再结合整个题目来看：

结合材料并运用《经济生活知识》，说明中国进一步扩大进口对国内经济的影响。

当前，中国是世界第二大货物贸易进口国、第二大服务贸易进口国，货物和服务年进口值均占全球 1/10 左右。

2018 年 11 月，中国进一步降低石材、陶瓷、机电等 1585 个税目商品的最惠国税率，关税总水平由 2017 年的 9.8% 降至 7.5%，平均降幅达 23%。同月，全球首个以进口为主题的国家级展会——中国国际进口博览会在上海举行，来自 170 多个国家、地区的 3600 多家企业参展，现场展示了法国葡萄酒、阿根廷红虾、美国智能车载空气净化器……进博会吸引了 40 多万名境内外采购商，累计意向成交578.3亿美元，其中1/4以上为智能及高端设备。

中国扩大进口"大蛋糕"的清单上，既包括数控机床、智能终端、精密医疗设备、新型汽车、先进民用飞机等高技术产品，也包括个人电子产品、农产品、食品、服装、化妆品等日用消费品。

高技术产品，对应"发挥科技作为第一生产力的作用"，而囊括了众多种类，又可以对应上"调整经济结构"；扩大日用消费品的进口，是不是可以拉动消费、繁荣市场、促进供给侧结构性改革？

综合以上答题思路，你会发现，所谓的A只是一个幌子，你可以先撇掉A，思考如何促进B，再结合整个题干，将A套进去，回答"如何促进B"即可。

那么问题又来了，"如何促进B"中的供给侧结构性改革、调整经济结构等答题术语从哪里来？

答题术语有三个来源：第一个是书本里面的，包括书本没有、从练习册补充上去的。书本是术语集合的大本营，因此，想要政治好，就得来来回回翻书，把重要的术语背得滚瓜烂熟，考试时才能得心应手。第二个是国家领导人的讲话。有些同学平时连带手机的机会都没有，就更别说用手机上网了，那我还有一招，就是利用好试卷的标准答案。答案值得你反复研读，特别是高考题的答案。我们拿到答案之后，可以比照着答案分析自己的作答，看看自己的作答相比于标准答案有哪些不足之处，从答案中你看到了什么做题思路，答案有哪些地方是你没有想到的。答案中隐藏的政治术语，要专门准备一个小本子抄下来，或者将答案剪切出来，直接贴到小本子上，考前翻一翻。第三个就是题干中现成有含金量的句子，现取现用。

咱们再举一个 A→B 影响型的例子。"分析人工智能技术的应用对中国制造业的影响。"这道题不给题干，你能想到哪几个点呢？

首先，分析影响。一般只说积极影响，不说消极影响，所以咱们就使劲儿往好的影响方面想，按照咱们的转化法，那就是"如何给制造业带来正面影响"。转化好之后，再搜寻脑袋里的术语库，关键词一下子就出来了：科技、生产力、人才、产业结构。把这几个关键词扩充一下，结合材料分析分析，答案自然就出来了。

原因型设问

原因型设问在高考政治大题中一直占着大比例，回答原因型的题目时，答题思路一定要分为三个层次去作答，少一个层

次都会扣分。这三个层次分别是理论依据、现实依据和现实
意义。

理论依据，就是课本中给出的具有原理性高度的术语，多为
定义类术语。比如，"人民日益增长的美好生活需要与不平衡不
充分的发展之间的矛盾""人是生产力中最具决定性的因素""企
业是国民经济的细胞"等。

现实依据，一定是推动行为发生的现实原因。比如为了扭亏
为盈、市场经济不景气、行业发展受阻等。

现实意义，就是我们最喜欢的"有利于"。如果说现实依据
是从阻止反面情况发生的角度来作答，那现实意义就是从促进正
面情况发生的角度来回答。比如有利于促进市场繁荣、有利于促
进人才培养等。

在回答原因型题目时，我们最容易掉的坑就是通篇只答了现
实意义，通篇都是"有利于"，这是不对的。比如说一道原因型
的题目总计是8分，其中理论依据会占3分，现实依据会占3分，
现实意义则占2分，就算你把现实意义这一块答出花来，也只能
得2分。

下面举一个例子作为说明。

党的十九大报告强调要振兴实体经济，加快建设制造强国。

金融是现代经济的核心，以制造业为主的实体经济是我国经济发展的根基。党的十八大以来，我国金融改革发展取得新的重大成就，金融对实体经济的服务能力逐步增强。但实体经济融资难、融资成本高的问题依然突出，大量资金流向房地产等领域，部分资金在金融体系内部循环，"以钱炒钱"加剧了资金"脱实向虚"。部分企业杠杆率偏高，"僵尸企业"占用了较多的信贷资源。全国金融工作会议指出，金融要回归本源，把为实体经济服务作为出发点和落脚点，全面提升服务效率和水平。

结合材料，运用经济生活知识说明金融为什么要把为实体经济服务作为出发点和落脚点。

看到"金融要回归本源，把为实体经济服务作为出发点和落脚点"，立马要想到这是和实体经济相关的、能够说明实体经济重要性的理论依据，课本中并没有相关的理论依据，但是题干中有。"以制造业为主的实体经济是我国经济发展的根基"，再从题干中找到现实依据"以钱炒钱""脱实向虚"，现实意义就应该是"有利于促进金融业、实体经济的双重发展"。

此外，我们要仔细审设问，里面出现了两个主体，一个是金融，另一个是实体经济，所以，既要回答这一做法对实体经济的意义，也要回答这一做法对金融的意义，即"金融是现代经济的核心，金融在促进实体经济发展的同时，也能促进自身的健康发展"。

这个思路叫"分主体"，同样是政治大题作答中必不可少的思路，在必修二政治生活中很是常见，在其他必修中也会有所涉及。在必修二政治生活中，一定要分清楚术语的主体，如政府才能依法行政，共产党是依法执政，人大代表拥有的权利和人民代表大会所拥有的权利也要区分开来。

四大题的作答和分析

在大题作答中，同样困扰大家的，还有必修三文化生活、必修四哲学大题的作答和分析。针对必修四，我有一招杀手锏，那就是运用目录背框架。如果说必修一的背书重点在于关键词，靠关键词勾带出答题术语；必修二的背书重点是依靠主体归纳分类知识点，那必修三和必修四，最强调的就是"框架"，尤其是必修四。为什么强调框架，看看设问就知道了。

"运用'辩证法的革命批判精神与创新意识'的知识并结合材料，分析科技领航者实现科技创新的原因""运用文化作用的知识并结合材料，说明弘扬创新精神对推动创新发展的作用"，如果你对课本框架不熟悉，连"辩证法的革命批判精神与创新意识"和"文化作用"具体的知识点都不知道，那基本就拿不到什么分数了。而政治书的目录，几乎可以说是政治的"骨架"，是统领全书所在。打开政治必修四的目录，第二单元到第四单元，凡是政治大题会涉及的地方都要熟记，并且要记住哪一块原理是唯物论的、哪一块是辩证法的、哪一块是实践观的。

目录背得好，就能有效减少我们在答题时出现的漏答、答偏等的情况，并且脑海中始终存在一个知识点的框架，让你下笔不慌，提高作答的速度。

说到背目录，有些同学可能会很为难，目录怎么背得下来？其实目录强调的是整体性、系统性、框架性，因此，可以通过构建思维导图来辅助目录的记忆。很多参考书上都会附带思维导图，大家往往一带而过。但我们自己画的思维导图，始终和别人是不一样的，在画思维导图时边想边画，也能将自己脑海中乱作一团的知识点"分门别类"地归放整齐。

比如，画一个"文化对人的影响"的思维导图，一级标题是"文化对人的影响"，下辖三个二级标题，分别是"文化对人影响的表现""文化对人影响的特点""文化对塑造人生的作用"；二级标题再往下细分，就是答题的术语了，如"文化对人的影响来源于特定文化环境""文化对人具有潜移默化和深远持久的影响"。当这个思维导图按层级归纳好知识点后，下次，同学们遇到分析"文化对人影响"的题目时，就不会出现只侧重答一个方面（如只答了文化对人影响的表现这一方面）从而导致丢分的情况。

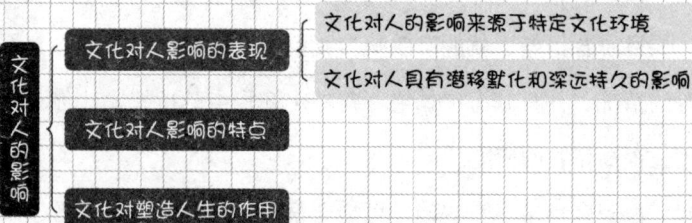

在背书这一方面，我还想强调的一点就是，极少有人能一遍就背下所有的政治知识点，一定要反复背诵，反复加强记忆；背文综要充分利用琐碎时间，比如下课后的5分钟，早读前的10分钟，放学之后的10分钟等。从平时的学习到最后的高考，你肯定能将知识点反反复复背个上百遍，从而形成相对应的"肌肉记忆"，哪怕考试再紧张，也不会忘记。

选择题

讲完了政治大题的情况，接下来说一说政治选择题。对于尖子生而言，政治选择题一题都不能错，次一点的情况就是顶多错一题。那政治选择题要怎样做才能保持"一题不错"呢？这就要求我们在平时要充分辨认各个概念。比如，有限责任公司和股份有限公司，哪一个类型对应认缴，哪一个对应认购；必修一经济生活的最后一个单元中的对外开放，记得"走出去"特指到境外投资办厂、对外承包工程与劳务输出三种情况，对外出口商品不算"走出去"等细枝末节的概念，都是我们要辨认且熟记的。

考试时做政治选择题，一定要用好排除法，两种选项不要选，一种是"选项本身有错"，比如"国家能决定纸币购买力""数字货币是一种网络虚拟货币"等错误论断；另一种是选项本身没有错，但与题意无关的选项也不能选，比如，题目体现的是"人民币升值"，就不能选择阐述人民币国际地位得到提升的选项。

我再划一下重点：A→B题型用转化法，转成对B有利的做法；原因型设问记得答全理论依据、现实依据、现实意义；在答题过程中不要忘记分主体考虑；术语的三个来源：课本、题干和时政材料；做好思维导图，事半功倍；选择题用排除法，两种选项不要选。

纵横历史：你需要这么几招

对历史学科的学习是以对历史事件发展脉络，包括时间、过程、影响或作用等方面的学习。大致可分为古代史、近代史、现代史，其中又分为中国和世界古代、近代、现代史。

对于中国历史的学习，我们作为中国人，多多少少还是有一定基础的，学习起来相对于世界史而言较为容易。对于世界史的学习，其实我们可以使用"时间代入法"。也就是在学习世界史的历史事件时，将其与中国同时期的历史事件进行时间线上的归纳。这样可以加深我们对世界史的时间线的敏感程度，同时也可以使我们对中国在世界历史发展过程中所扮演的角色和所处地位的变化有更深的认识。

在作答历史主观题时，还需要训练一种新的题目形式——启示类题目。这类题目往往需要我们由历史事件中提取对当今社会发展有利的一些历史经验或历史教训。除此之外，这个科目还要求我们有分析总结归纳、解决问题的能力。

对于历史，背诵当然是必不可少的，但并不需要像政治那样全方面边边角角都记住。比如书上的每一张图片、每一个小字以及电视机的发明和"必修三"的那些艺术家，真的不需要原封不动地全部背下来。因为我们发现，现在历史考试的题目越来越接近老高考，重视思维理解。选择题70%的题都是材料理解，剩下20%多的都是最基本的时间概念记忆，真正比较难的细节记忆真的很少。我记得我高考的时候，所有的选择题只有一道煤炭是考年代记忆的，大题中也只有维新运动的原因是要背诵的（但还有很多点要在材料中找），其余几乎所有的大题全是材料理解。

但这并不意味着不需要花大量的时间去背书——因为虽然考得少，你并不知道它会考哪些？但我想说的是，历史与政治的复习是不一样的，我们没有必要去死抠那些太细的地方（比如溥仪的那个伪政权是哪年在哪里建立的）。我认为历史更重要的还是思维能力。对材料的把握、对题干的理解以及对答案的阐释是历史选考越来越重视的，而不是故意刁难我们去记忆一些太偏的没有历史意义的细节。

那么，究竟怎么进行历史的学习呢？

知识点整理技巧

一轮复习。充分利用学案和课堂，将老师上课补充的对知识的讲解记录在学案的知识点总结部分，并完成学案后的题目（重点关注选择题），将易错易混点记录在错题本上。

课下可以自行准备一个笔记本，梳理每节课复习过的知识点的逻辑和本课出现的重要事件的时间和地点。可按照定义、表现、性质、经过、原因、影响等分部分进行整理（注意适当简写），便于记忆。

二轮复习。首先，以时间为单位总结每个时间段（我个人将中国古代史以朝代为单位，中国近现代史与世界史以100年为一个单位）世界与中国在政治、经济、文化三个不同层面的时代特征，这就是答题术语的组成部分。

其次，整理出一条较为完整的历史大事年表，只包括时间地点即可，便于进行时空定位，可以参考学案与教辅书自己总结。这个表不需要十分全面，只要能涵盖高频考点和易混考点即可。

再次，可以分专题进行整理总结，如"资本主义政治制度形成与发展""马克思主义传入中国"等专题，我推荐大家参考历年来的解读材料题的材料和答案进行整理，更好地对接考试。

做题技巧

第一，基本技巧。

相似性原则：如果选项中有两个选项意思相近、属性一致，则都不选。

时间优先原则（重中之重）：阅读题干后对题设背景进行精准时空定位，选项中不是这一时期的直接排除。

绝对化表达一定不选。例如：只有、一定等。

逻辑问题出现错误一律不选。常见设错形式有因果倒置、偷换概念、以偏概全。

题目考察一个历史现象：看见什么就选什么，不要多想（特别针对组合型答案）。

有"开始""兴起""萌芽""首次"等词的慎选（极易错）：80%不对，仅有教材上有相关明确标述的可选。

有整体不选部分，例如："近代国家"与"经济近代化""政治近代化"中选"近代国家"。

"目的""意图"等作为设问：看见什么不能选什么。记住手段和目的之间的区别，现象和本质之间的区别。

选项中出现互相矛盾的两项：一般两项中一定有一项是正确答案。

省略号、括号前后很可能分布着答案；

历史选择题很有可能像语文题：如果该题实在不会，可按语文阅读理解的方法来做。

第二，进阶技巧：四个"切忌"。

切忌过度解读，犯程度失当错误。

切忌过度关注附加信息，切忌想当然。例如：一定要懂得指代词指代什么，题目中给出："这"反映什么，回材料还原"这"。

切忌以偏概全，不读完材料。

切忌先入为主，答非所问。

第三，选择题技巧。

制作自己的历史时间轴，可以按照下面这种方法：

制作自己的历史时间轴 {
- 公元500年以前的中国、世界
- 公元500年至公元1500年的中国、世界
- 公元1500年至公元1800年的中国、世界
- 公元1800年至1900年的中国、世界
- 公元1900年至2000年的中国、世界

1.专题练习法

即每复习完一个单元的知识，就大量练习相关题目（包括学案、三二、五三等），从中总结常见的知识易错点、易混点和常见设错方式并记录。

2.限时练习法

10分钟12道选择题；30分钟32道选择题；进行大量限时训练。

第四，主观题技巧。

1.审明设问

用这种方法做主观题，需要做到以下三点：首先，确定解题依据，即明确答案来源；然后，读懂答题要求，即命令导语（抓住关键动词）；最后，看懂限定词与核心词。

读不懂设问时可以根据题目的位置进行猜测，位置靠前的主观题的考点一般在于概括能力，位置靠后的题目一般侧重考查分析能力和思维逻辑。

2.总结答题术语

大部分历史题的答案的逻辑都是：政治、经济、文化三个层面。

因此，二轮复习中根据时间段总结世界和中国的时代特征十分重要。使用这些答题术语可以让你的答案无限接近于标准答案。

03 地理学习方法与技巧

三本必修课本的主线可以归结为对地理现象的认识以及人地协调的规划，对我们发现问题、分析问题、因地制宜解决问题的能力有较高的要求。而在地理学科的学习中，最为重要的应该是对图表的理解和运用。

我们在理解图表的过程中，也可以运用一些小技巧，或者找一些规律。例如，对于洋流图的记忆，我们可以发现，太平洋的大洋环流是一个倒"8"，而印度洋的大洋环流则呈"口"字形。通过诸如此类的技巧，可以让我们更加熟练地理解运用图表信息，并带入解题过程中去。

在地理学科的答题上，选择题要能够熟练地分析题目中所存在的地理信息，重点是要发现影响这些信息的因素。在主观题上，要注意的是结合题目信息，要能够因地制宜，并非所有的答案都有一个标准的套路，要学会具体问题具体分析。

地理学科作为一门关注自然科学的学科，其教学的主旨，也是向学生灌输人地协调、人与自然和谐发展的理念，背后也是根据目前"构建人类命运共同体"理念所确定的教学目的。如果我们能够紧紧结合这点，在我们答题时也会有很大的帮助。

对于文科学生来说，高中地理同理科物理一样是令人头痛的学科，因为很多同学会认为地理很难得到高分。许多学生在对高中地理进行研究的时候，发现一个现象：一个班中，如果有一道题所有同学都做错了，最后，那些对地理感兴趣的学生也会受到打击。在正常的学习中，你有同样的情况吗？

其实，我认为学生学习高中地理之所以找不到窍门，主要是因为遵循了初中学习的方法，对知识死记硬背，这种学习方法对高中地理来讲是不适用的。

在很多时候，我们更需要了解的是高中地理那些实用的学习方法。

地理学习的灵魂——地图的运用

学习高中地理，如果不熟悉地图，甚至看不懂地图，那就相当于游泳运动员不会游泳，因此，高中地理学习必须能够使用地图，良好地运用地图。

地理学习的支柱——对教材的理解

任何学科的学习都离不开教材，这点是毋庸置疑的，地理也是一样的。教材中从目录到每一章，再到附录，我都会认真地学习，因为我认为它们都有其重要的作用。目录能够帮助我们一目了然地了解整本书的内容；每一章的标题就是每一章的知识点；仔细看一看附录可以帮助我理解和扩展教科书的知识。教材是最经典的提分"法宝"。我没有理由不使用好教科书。

注意学习的几个环节

地理学习有四个环节，缺一不可，分别是预习、课堂、实践和复习。

学习地理知识，预习是十分重要的过程。我们不仅要把握好预习的节奏，更要把握好预习的过程。预习并不是将新内容简单看一遍那么简单，正确的预习方式能够让我们在真正意义上提高学习效率。

高考虽然是一种能力观念的测试，但它注重基础。地理学的基本知识包括地理事物的基本概念、基本事实、基本原理和空间分布。因此，我总是逼迫自己多看一些地理课外读物，这些课外读物或多或少会对我理解地理知识产生帮助，同时还能够拓宽我的知识面。

我发现很多同学在还没有理解透彻教材的时候，就去做大量的地理题，最后题都做错了，这不仅让同学感受到了挫败，甚至会失去对地理的兴趣。因此，学好教材是基础，不要急着去做题，而是先将基础打牢固，这才是关键。

地理学习的几个环节：预习、课堂、实践、复习
①预习
②教材基本知识＋课外读物
③做题

学霸阅读笔记

阅读打卡

新的收获

小　结

学习优化，不可轻视的超级学习法

　　学习方法是我们实现成绩突破的关键，如果我们在学习过程中，只懂得"死记"，不懂得"巧学"，学习结果只会是事倍功半。而运用恰当的学习方法，能够让我们的学习事半功倍。

第十五课
做好读书笔记的方法

01 为什么要做读书笔记

　　高中的知识点集中且零碎，例如语文的一道文学类文本的开头作用题，就可能涉及奠定基调、呼应标题、埋伏笔、交代时间和地点、塑造人物形象、渲染某种氛围、制造悬念等多个知识点。不难看出，它的答题点非常多且零碎。化学和生物大题，一个问题问得非常刁钻，可能是考得偏，也可能是考得综合，涉及了多个板块的知识点，且需要把已有的知识灵活运用到题目中那些你不熟悉的元素或者生物情境上去……

　　这些科目需要很强的综合能力：一个完整的知识体系和举一反三的联想能力。当然，瞎猜是不靠谱的，你要能够通过题目的线索揣摩出题人的意图。

在课堂上把老师提到的重难点全部记下来是大有裨益的。课堂笔记做得好会省去很多刷题总结的功夫，且有事半功倍的效果。很多知识点考的就是一个熟练度和灵活度。笔记可以为你打下一个坚实的基础，建立起一个完整的知识体系框架。之后再通过刷题、总结来查漏补缺，完善自己的知识体系和思路。

02 如何做好读书笔记

俗话说，好记性不如烂笔头。读过的书只是如看小说般随意翻过，很快就会把大部分内容忘干净。你还记得三个月前的某天下午你做了什么吗？如果你不记得你那天的经历，你又凭什么记得那天读书的内容呢？但是，如果做了读书笔记就不一样了。一本日记能让你轻松回忆起一年前的美好时光，那么，一本读书笔记也能让你把每本书的内容"长"在脑中。

奥野宣之写过一本《如何有效阅读一本书》，里面强调图书都是有重点的，没有必要从头到尾详读。重要的是不管篇幅多少，都要下点功夫让自己对读过的书有印象。即使只记下这本书的作者、书名、阅读时的情景或是做些摘抄都好，要坚持写读书笔记，这就是最有效的读书法。杨绛先生也说，有些人之所以不断成长，绝对是有一种坚持下去的力量。好读书，肯下功夫，不仅读，还做笔记。人要成长，必有原因，背后的努力与积累一定数倍于普通人。所以，关键还在于自己。

如何积累优秀句段

阅读文学经典，文中细腻生动的人物描写、雄伟瑰丽的自然风光让你赞叹不已，这时，最应该做的就是把它摘抄下来，记录在属于自己的读书笔记本上：时常回望，或许慢慢你就会发现，自己的文笔由生涩到流畅，美妙的文字开始在你笔尖流淌。阅读时文社评，文中充分扎实的论据例证、滴水不漏的逻辑推理实在使你击节赞叹，这时，你依然应该拿出笔记本，将这些思想的结晶记录在内，待你需要写作之时，这便是极好的参考。一本书、一篇文章不必字字珠玑，但一定拥有自己的亮点，你要做的就是把它收集到自己的笔记本上。

如何积累阅读心得

如果说，句段摘录使你把书从厚读到薄，那么读书心得则是把书从薄读到厚的过程。这里我要特别向大家推荐一种读书方法，那就是横向联系。或许你刚刚摘录了"会当凌绝顶，一览众山小"，那么，你也许还会想到"无边落木萧萧下，不尽长江滚滚来"。这些都是杜甫登高所感，心境为何如此不同？他又经历了什么，正在担忧些什么？对于一个问题，或许几个学者都有自己的想法，他们在争论什么？每个人的理论能解决什么问题，又在哪些方面做得不足？这些都可以体现在你的读书心得当中。知识永远不是一个个孤岛，真正掌握了的知识一定是一个体系。你有了一个idea，它处在什么地位，和其他想法有什么联系？这种融会贯通的思考习惯才能使你真正掌握知识。要怎样融会贯通呢？当然是记笔记！

03
如何阅读一本书

与学习一样，读书也需要技巧和方法才能将收获最大化，我们可以针对工具方法类、技能知识类等不同类型的书籍，选择不同的阅读方法，只有学会了阅读，才能提高你的阅读效率和学习价值。

我在阅读的时候，一般会阅读两遍：第一遍正常通读，跟着作者的思维推进，这一遍以圈、点、勾、画为主，可以把自己觉得重要的段落、精彩的语句做上标记。第二遍读的时候就可以开始做笔记了，对于有标记的地方精读、摘抄，寻找它和其他思想的联系；没有标记的平庸之处则可以读快一点。读第二遍还有一个好处：第一遍有些疑惑的地方这时可能会豁然开朗，或是第一遍未注意的伏笔转折这时才让你恍然大悟。当基本了解了作者的思想，回过头来你也更能理解书中精妙之处。

查理·芒格也告诉世人："我这辈子遇到的聪明人（来自各行各业的聪明人）没有不每天阅读的。没有，一个都没有。我的孩子们都笑话我，他们觉得我是一本长了两条腿的书。"我们不必把自己变成"两脚书橱"，但想要成为那"来自各行各业的聪明人"，多读书、多做笔记，还是必不可少的。

除了阅读会读两遍之外，我还擅长用下面几种方法进行阅读：

快速高效阅读

在拿到一篇课文或者是一本课外读物的时候，我会先聚精会神地进行一遍快速阅读，在这次的阅读过程中，我会明确自己的阅读目标，即我想要从书中了解到什么内容或知识。除此之外，我还会了解文章讲述的内容，哪些是已经掌握的知识，哪些是感兴趣的内容。从而确定自己第二遍读书的策略，即，在第二遍读的时候，要在哪里多用一些时间，哪里快速地翻过。此外，读书时带有目的地去进行，能够最大效率地提高自己对知识的掌握，能够寻找到作者想要表达的观点和我想要学习的方向，找到重点内容，方便我们有目的的研习，获得更大的收获。

精读、深度阅读

在第二遍阅读的时候，就属于精读也就是深度阅读。这一遍

阅读笔记使用示例

钢铁是怎样炼成的   *2020 年 9 月 3 日*

主要内容:

讲述了保尔·柯察金从一个不懂事的少年到成为一个忠于革命的布尔什维克战士，再到双目失明却坚强不屈创作小说，成为一块坚强钢铁的故事。

优秀句段:

人应该支配习惯，而决不能让习惯支配人。

赏析:

作者是希望通过这句话来反映主人公的内心世界和人生观，因为习惯的力量是无穷的，我们千万不能小看。就好比现在有一本优秀的书籍叫作《高效能人士的七个习惯》，就是主要讲述习惯对生活和生命的意义。而我们应该通过自己的思考和科学的观点来管理好自己的习性，让习惯为我们服务。

概括主旨，帮助自己加深对文章的理解。

摘抄经典，帮助自己积累沉淀语文素养。

记录心得，帮助自己让平时的阅读更有意义。

我需要了解作者在全书中要表达的想法和主旨，对重点的章节可以反复研读和思考，了解难点和考点，从而着重进行记忆和思考，这样才会有真正的收获和价值。

一个擅长阅读的人往往能够在最短的时间内抓住文章的中心，也能够最大限度地节约阅读时间。因此，我习惯运用两遍阅读法，但是，这并不是说对一篇文章或者是一个章节阅读两遍就足够了，对于重点的内容，我们需要阅读多次，甚至需要反复地阅读。

学霸阅读笔记

阅读打卡

新的收获

小 结

第十六课
做好课堂笔记的技巧

01
康奈尔笔记法

康奈尔笔记法又叫5R笔记法，主要分为以下几个部分：

记录（Record）。在听讲或阅读过程中，在主栏（将笔记本的一页分为左小右大两部分，左侧为副栏，右侧为主栏）内尽量多记有意义的论据、概念等讲课内容。

简化（Reduce）。下课以后，尽可能早地将这些论据、概念简明扼要地概括（简化）在副栏，也称回忆栏。

背诵（Recite）。把主栏遮住，只用副栏中的摘记提示，尽量圆满地叙述课堂上讲过的内容。

思考（Reflect）。将自己的听课随感、意见、体会之类的内容与讲课内容区分开，写在卡片或笔记本的某一单独部分，加上标题和索引，编制成提纲、摘要，分成类目，并随时归档。

复习（Review）。每周花10分钟左右的时间，快速复习笔记（先看副栏，适当看主栏）。这种做笔记的方法初用时，可以以一科为例进行训练。在这一科不断熟练的基础上，然后再用于其他科目。

一般情况下，右边记笔记，下面整理提纲，左边可以做一些注释、问题、联想到的内容、补充等。

而且左边的部分余留很宽，你在后续做题时的一些总结、缺漏都可以及时补充。这样你每一次的复习都是一次有效的强化。

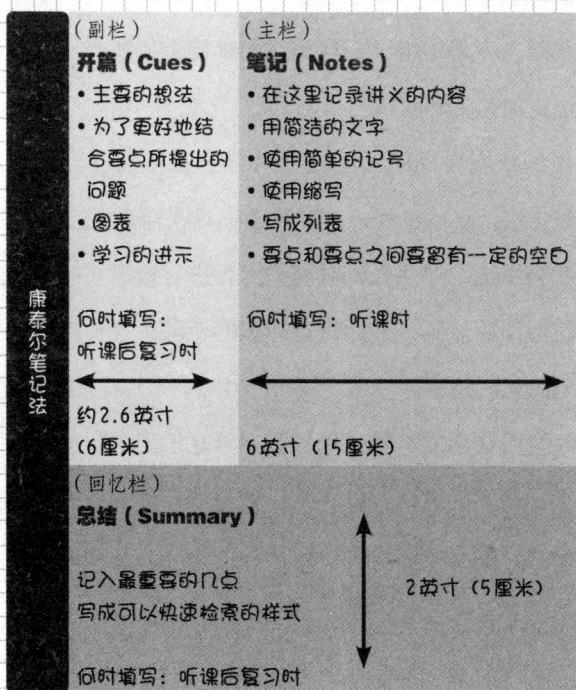

（副栏）	（主栏）
开篇（Cues）	**笔记（Notes）**
• 主要的想法	• 在这里记录讲义的内容
• 为了更好地结合要点所提出的问题	• 用简洁的文字
• 图表	• 使用简单的记号
• 学习的进示	• 使用缩写
	• 写成列表
	• 要点和要点之间要留有一定的空白
何时填写：听课后复习时	何时填写：听课时
约2.6英寸（6厘米）	6英寸（15厘米）

康泰尔笔记法

（回忆栏）

总结（Summary）

记入最重要的几点
写成可以快速检索的样式

2英寸（5厘米）

何时填写：听课后复习时

我为什么会用这种方法来记笔记？其实原因很简单，在课堂学习过程中，受到老师授课速度的影响，我总是习惯性地记录尽量多的内容，这就会容易导致出现一些问题。比如，课堂笔记记得杂乱，课后复习不太好找知识点等。后来接触到这种记笔记的方法，它对知识的整理、加工是十分有帮助的，具体运用方法如下：

忆。有助于我课后抓紧时间，趁热打铁，可以对照书本、笔记，及时回忆有关的信息。这是我整理笔记的重要前提。

补。课堂上所做的笔记，因为都是跟着教师讲课的速度来进行的，而讲课速度是要比记录速度快一些的，所以我的笔记会出现缺漏、跳跃、省略等情况，在记忆的基础上，我会及时做出修补，使笔记更加完整和实用。

改。仔细审阅我的课堂笔记，对错字、错句进行修改的过程，其实是再次记忆的过程，这有助于我对课堂知识进行掌握。

编。我会用统一的序号，对笔记内容进行提纲式的、逻辑性的排列，然后注明号码，最后进行知识的梳理，这种梳理能够让我了解笔记的先后顺序。

分。我会用文字或符号、代号等划分好笔记内容的类别。例如：哪些是字词类的笔记，哪些是作家与作品类的；哪些是问题质疑、探索类；哪些是课后练习题解答；等等。这样的标注与划分是帮助我们进行思考的一种方式。

舍。我会省略无关紧要的笔记内容，使笔记简明扼要。

记。我在分类抄录经过整理的笔记时，会发现同类的知识，摘抄在同一个本子上或一个本子的同一部分，也可以用卡片进行分类抄录。这样，日后进行复习和使用就方便多了，这就要求我们按需所取，纲目清晰，快捷好用，从而便于记忆。

02 如何使用康奈尔本

在康奈尔笔记本上完全不用考虑右边笔记内容是否饱和，因为左边也有足够的空间让你补充、注释，梳理逻辑和框架其实是留到你完成课堂内容之后的事情了。因此，我们上课可以更随意地记，记到重点才是关键。

复习时更多是看下面的总结。你梳理的逻辑链条、框架。你需要根据自己整理的这些线索掌握整节课的框架和每个部分的细分点。就像电脑里的文件一样，如金属的文件夹点进去，有钠、镁、铝、铁、铜等，每个子文件夹点开又有文件夹，一层一层套下去。这样你会形成一种大局观，整个板块的内容在大脑中总结了一个树状结构，这是最方便搜索且不会遗漏要点的，你的思维也是有条理的，考试时也不会慌乱。

整理总结栏最好的时间其实就是课后，实在来不及时，在当天晚自习或者睡前也可以。对于新知识的整理，"及时"是最重要的，可以更高效地克服遗忘的惯性。以后，在大考复习、高三复习时再次回顾这些总结都是非常有用且必要的。

当你已经掌握了所有的笔记内容，也就是你能够根据一个简单的由一些关键词组成的框架回忆起整个板块的内容时，适当地刷题会帮你对其中的易错点、重点、难点有一个更好的把握，你也能够对这些最细分的知识点有一个合理的权重分配。在遇到新题型、新元素、新情境时，也能很好地剥丝抽茧，透过浮云看本质，揣摩出题人的意图。

我用康奈尔笔记本的时候，注重对知识整理，但整理思维是按照自己理解思维来做的，而不是按照老师的讲解习惯来做的。这样做的目的是将知识转化为自己所有，以便很好地进行复习和记忆，而不是为了单纯满足做课堂笔记的习惯。

课堂笔记使用示例

声现象   2020 年 9 月 3 日

1. 产生——振动

2. 声波

3. 传播——介质

4. 真空不能传声

5. 介质不同，传播声音的速度不同

6. $v_{空气} = 240m/s$

1. 声音是由物体的振动产生的。

2. 一切正在发声的物体都在振动，振动停止，发声也停止。

3. 声音是以波的形式传播的，我们把它叫作声波。

4. 声音的传播需要物质，物理学中把这样的物质叫介质，传声的介质既可以是气体、固体，也可以是液体。真空下不能传播声音。

1. 声音的产生与传播：

（1）声音的产生 ⎡ 原因
              ⎣ 特点

（2）声音的传播 ⎡ 形式
              ⎣ 介质

为学习内容划重点，记录学习中发现的问题、激发出的灵感……

记录老师经典的知识归纳，转化信息、为我所用。

及时总结概括老师课上的内容，形成自己的知识提纲。

学习优化，不可轻视的超级学习法   199

学霸阅读笔记

阅读打卡

新的收获

小　结

第十七课
如何使用错题本

01 整理错题的原则与类型

为什么要使用错题本？错题本的重要性是毋庸置疑的。同学们刷题的目的无非有两种：精益求精，向更高的层次进军；巩固知识，夯实根基。无论是哪一种，都需要建立在充分发掘每一道题的价值、避免盲目性的基础之上，才能真正发挥出刷题的能效。错题本就是同学们在刷题时的得力助手。它能够很好地帮助大家梳理知识漏洞，总结归纳，将知识清晰化、条理化、系统化。没有错题本的刷题，是没有灵魂的。

积累错题的原则。第一，错题本整理完是要看的。用笔记下来不等于用脑子记下来，如果只是整理错题本而没有回看或者回做的环节，就不如不要在记录上花时间、花精力，直接做题；

第二，错题本是给自己整理的。错题本更像一个自己与自己交流的媒介，只不过是当下的自己写给未来的自己，是现在这个"会这道题或者能做对这道题"的你，写给未来"有可能不会或者做错这道题"的你。

错题本要积累哪些题目呢？错题本上积累的题目一定是有意义的题。

首先是错题。做错的题目有很多，但不是所有的错题都有整理的必要。有的题也许因为思路错而错，需要格外重视；有的题可能设置了陷阱，一个大意就做错了，因此也需要认真记录，做到"不贰过"。

其次是好题。这类题也许我们第一次没有做错，但这道题的出题角度很有启发性，有助于我们理解相应的题型或者知识点；或者下一次再做的时候，不能保证自己做对。这都算好题，有整理记录的必要。

再次是难题。对于这类题目，记录与否的决定权在我们自己。的确有部分难题与我们个人对知识的掌握情况存在严重的脱节，在时间紧、任务重的情况下，这种题就不是很有必要花费大量时间。当然，也很鼓励大家向有难度的题挑战，虽然在上面花费的时间与精力会比较多，但是这对我们思维的提升与培养往往是很有助益的。

那么，在错题本上每道题目要整理什么内容呢？

第一，题目：以节省时间为原则，通过剪裁或者抄写的方式记录。

第二，答案与解析：根据个人情况及题目情况，以详细的或者简略的方式把每一步的思路记录下来，因为有的时候仅有答案，回看的时候也有可能不会做了。

第三，错因分析：个人建议大家尽量用一句话概括，如果是错题，标明错因；如果是好题，用一句话说明这道题的意义何在；如果是难题，可以概括性地写出最关键的一步思路，或者从整体上把握这道题的难点。这么做的意义在于，当我们回看错题本的时候，第一时间想到当初为什么记录这道题，也就是之前提到的，这是一种现在的自己与未来的自己的对话。

第四，归纳总结：它可以是你遗漏的知识点，也可以是你做这道题时发现的小技巧，更可以是你与其他类型题目进行比较之后梳理出的异同点。

02 错题本使用技巧

做好分类

把不会做的题和会做但是做错了的题分开记录；也可以按单元/题型/知识点分类，分开整理有利于归纳与提升。需要注意的是，同一类型的题不用整理太多，如果的确存在同一种类型题目出现多次错误，那么只能说明回看错题本的频率还不够。

具体分类可以参照下面4种方法：

第一，学科分类。这类很简单，就是每个学科要有单独的一个错题本，不可将不同学科的错题记录到一个本子上，这样容易产生混乱，对复习是十分不利的。

第二，分门别类地将错题进行整理和分类。在分类的过程中，可以根据错误原因、章节学习顺序、解题技巧等进行合理分类。不可将所有题按顺序进行错题整理，这样在复习的时候会降低效率。

第三，将错题写下来或者剪下来，粘贴到错题本上，写下正确的解析以及自己做错题的原因。在写正确解析的过程中，不是简单的抄写答案的过程，而是一边写一边感受解题，加深印象形成能力。错因分析尤为重要，一定要明确自己的错误的原因，了解自己出错是因为马虎大意还是因为没有掌握住知识点，这十分重要。针对自己薄弱的地方专门去进行训练和练习。

第四，在错题旁边写下自己的反思总结，这是必须做的，题目在改完错误之后，要有自己的一些思考，然后经常回顾。

错题本是基础，正确运用好错题本才能体现出整理错题的意义和价值。在不断回顾过程中，最大化地预留出一点时间给自己反复咀嚼知识的过程，每一次回顾都会有新的体会。在回顾的过

错题本使用示例

知识点　对匀速直线运动共识的理解和运功

试题来源　*2019 云南第一次统一检测*

★　★　★　⊛

• 艾宾浩斯记忆打卡

日期：　*9.12*

+1　*9.13* ☑　　+3　*9.15* ☑

+6　*9.18* ☑　　+14　*9.26* ☐

考前＿＿＿ ☐

• 归纳总结

规定的方向

与规定的方向相同的量 → 取正

不确定的量 → 取正代入

与规定的方向相反的量 → 取负

求出结果为正 → 与规定的方向相同

求出结果为负 → 与规定的方向相反

• 题目

一质点沿 x 轴运动，其位置 x 随时间 t 变化的规律为 $x=15+10t-5t^2(m)$，t 的单位是 s。

下列关于该质点运动的说法正确的是（　　）

A.　该质点的加速度大小为 $5m/s^2$

B.　$t=3s$ 时该质点速度为零

C.　$0\sim3s$ 内该质点的平均速度大小为 $5m/s$

D.　物体处于 $x=0$ 处时其速度大小为 $20m/s$

• 正解　CD

由 $x=15+10t-5t^2(m)$ 可知，初速度 $v_0=10m/s$，加速度 $a=-10m/s^2$ 则 A 错；由速度公式得 $v=v_0+at$，$t=3s$ 时，$v=-20m/s$，B 错；$t=3s$ 时，$x=0m$，$t=0$ 时，$x=15m$，则 $0\sim3s$ 内该质点的平均速度 $\bar{v}=\dfrac{\Delta x}{\Delta t}=\dfrac{0-15m}{3s}=-5m/s$，C 对；当 $x=0m$ 时，得 $t=3s$，则 $v=-20m/s$，D 对。

• 错因分析

由位置 x 随时间 t 的变化规律确定 v_0、a，再由运动学知识确定其他量。做题时没有准确确定 a，导致后面的选项带错误。

知识点与课本对应

重要程度清晰可见

试题出处方便查找

制订计划按时打卡

程中，有些错题感觉自己已经足够熟悉，同一类的错误不会再犯，要大胆地主动将错题本"变薄"，不断温故而知新，然后推陈出新、持之以恒，只有这样，我们的成绩才能得到大幅度的提高。

对重点题目进行标注

重点题目可以是知识性、方法性比较强的题目，可以通过某些套路来解决；也可以是自己总也记不住、掉进同一陷阱的题目等。

回看的时候为节约时间，关键看错因，根据错因这句话判断是重新做题，还是把这道题看一遍就可以。此外，建议大家做题后随时整理。因为集中在一起的话，的确需要花费比较多的时间，甚至拖着拖着就变成了不整理。

学霸阅读笔记

阅读打卡

新的收获

小 结

5

家庭教育，人生成功进阶的强大后盾

　　父母无疑是我们人生道路上的第一任老师。我们的行为、思想、习惯等都会受到父母的影响。同样，在家庭学习过程中，父母是我们学习的重要"引路人"。父母给予我们强大的力量，帮我们营造适合学习的环境，让我们不用背负过多的压力和负担，一路平稳地走向大学。

第十八课
家庭精准赋能，学习事半功倍

01

激发学习兴趣

我就读于北大，一个在很多人眼里，神圣、高不可攀的最高学术殿堂。当旁人知晓我的学校时，自己便也常被蒙上了一层"看起来就很厉害"的虚假滤镜。

但其实，我只是一个再平凡不过的普通人，并不是什么所谓的"学霸"，没有什么天才的学习方法，也没有非凡的专注力和自制力。最终能来到这里，除了脚踏实地、扎扎实实地把基础打好，一步一个脚印地走好外，外部环境对我而言也是很重要的一个因素。

学习从来就是一件枯燥的事情，但如果能从中发现乐趣，就能起到事半功倍的效果。从幼儿园开始，父母每天会不厌其烦地关心我，今天在学校学到了什么，发生了什么有趣的事情。渐渐地，即使他们不问，我也会主动向父母分享自己学到的新歌、自己制作的手工、自己画的画等。有时我甚至还会充当小老师，纠正爸爸不太标准的普通话发音。对于这些现在在我看来非常幼稚的东西，我的父母从来没有过不屑或不耐烦，反而很耐心地听我说、看着我或陪着我一起做。有人陪伴着学习的安全感和学有所用的充实感，让我每天都期待着学习和分享更多的新知识。

而在课堂之外，除了学习兴趣，父母还会注重我良好学习习惯的养成。当我遇到生字时，即使再简单再容易，父母都不会选择主动告诉我，而是带着我去翻字典，鼓励我自己去寻找答案。因此，家中的字典总是放在我最容易拿到的地方，这既满足了我的求知欲，也能防止我不劳而获。

培养学习的兴趣不在于让它一直保持高涨的状态，而在于提供一个美好的开始。我绝不算一个聪明的孩子，但因为有了学习兴趣，我有了一个良好的开端，从小学开始就一路打下坚实的知识基础，长大后，在不需要以兴趣推动就能主动学习的时候，因为有这为基石，我的路也走得比别人踏实许多。

02
宽严适度原则

父母从小对我实行的是放养教育——只要完成了老师的学习

任务，就可以自由安排时间。他们从未逼迫我上过任何的课外补习班和兴趣班，但只要我提出想去，他们就会全力支持我，即使上过课之后并不喜欢，不想再去，他们也不会多说什么。

但放养并不意味着我可以随心所欲地做任何事。比如，我的上网时间就被严格限制着，工作日除了老师要求查资料等必要的情况，我不能打开电脑；而周末，一天也最多只能玩2小时，时间一到就要关电脑，不能贪玩。同时，我的父母无论多忙，都一定会在晚餐时间坐下来和我吃饭，从小就给我树立了一种"一家人一起吃晚饭是一件非常重要的事情"的观念，因此无论出去玩到多疯，一到吃饭的时间，我都会乖乖地回到家里，和父母一起度过这段时光。这样潜移默化的培养，让我每当在娱乐的时候，心里总会自动拉起一条叫"适度"的红线。

对于我的学习成绩，他们也始终秉持宽严适度的原则，不过多干预，并完全相信我能够管理好自己的学习。即使是严重发挥失常，比如初三第一次月考时数学险些不及格，再如刚上高中时数学跟不上，单科年级排名一度落到1000多名（全年级总共1100人），他们也没有责备我，反而安慰我一切都会好起来的。但安慰的同时，他们并不会简单让这件事情翻篇，而是要求我回想当时考试的问题出在哪，并提醒我出现失误是进步的好机会，就这样逐渐帮我建立了主动反思、吸取教训的良好习惯。另外，在我取得好成绩时，他们也不吝于给我适当的物质奖励。在初三的一次考试中，我取得了年级前三的成绩，他们就奖励了我一张音乐节的门票，让我第一次听到了喜欢的歌手的live表演。但这样的奖励，往往是在我考得好并且有非常需要的东西时主动提起的，他们绝不会把物质作为一种每次考试后必需的激励手段，一来是不愿意在考前给我增加压力，二来也是相信我不需要以物质作为学习的激励。为奖励而学，效果不但不持久，反而会让考试的目的变质。

03 重视环境选择

为了给我一个最适合的学习环境，我的父母对学校的选择也颇费了一番工夫。我家在一个不起眼的小县城，教育成绩并没有多突出，因此在小升初时，许多家长瞄上市里更好的教育资源，挤破头把孩子往市里送，要么是交上高额的择校费进入重点中学，要么是宁愿选择教育质量次一点的市级学校也不愿意留在县城里。而我的父母虽然带着我参加了重点中学的自招考试，但在看到了我并不拔尖的排名后，就明白了我极有可能适应不了那所重点中学的学习，也非常有可能得不到比较好的关注和培养，最终，我是在县里一所口碑最好的中学的重点班里完成了初中学业。

而到了将要读高中时，他们很清楚，县城里的学校虽然可以提供质量相对还不错的初中教育，但并没有哪所学校可以提供足以应对高考的更优质的教育资源，这时，离开家成了必须而为之的选择。在仔细考虑了我的情况后，他们最终选择了一所离家有1-2个小时车程的在区内颇有名气的县级高中。离家不算远，教育质量也相对高，同时还能让我无须在适应新入高中的紧张节奏的同时还要分散精力去适应市级学校相对差异较大的管理方式，这样的学校让我很安心。

总之，父母对我就读学校的选择，并不是一味地追求最好的，而是在考虑了我的自身条件之后选择了最合适的。事实证明，虽然在入校时我算不上突出，但在毕业时，我总能以尖子生的姿态留在学校的光荣榜上，这与一个与我相适的环境是不无关系的。

除了学校的选择，在另外两次很重要的选择上，父母也给予了我极大的帮助。

文理分科时，在对将来的专业没有任何概念的前提下，我完全无法抉择到底应当学文还是学理。在偏远的小县城人们的传统观念中，理科就代表着"出路多，将来好找工作"，文科则意味着"没什么选择，将来也就只能当当老师和公务员"。我的家族很庞大，亲朋间往往会在孩子的教育问题上相互通气，出出主意。在我分科选择的问题上，亲戚们无一例外地表现出了极大的关心，很多强烈建议我读理科，但当时的我在理科学科上已经稍显力不从心，我对自己将来能把理科学好这件事没有任何信心，而文科不仅有我喜欢的地理、历史和政治，相比起理科也没有那么难以消化。自己擅长的学科完全与其他人认为的所谓"正确的道路"背道而驰，这让我寝食难安，几乎每天都要打电话回家哭一场，想让父母帮我做一个最好的决定。但他们和我说："照我们的观念当然是希望你读理科，但这是你自己的人生，到底采不采纳我们的意见你要自己考虑好。要是你真的想选文科，大可以放心去选，爸爸妈妈会帮你顶住亲戚朋友的压力。"有了父母的支持，我果断把之前犹犹豫豫填在分科志愿表上的"理科"改成了"文科"，并由此萌生了一股"我一定可以上北大"的信心。在我所就读的高中，考上清北是只有年级前几甚至是第一才能做到的事，我已回想不起当时在一两百名徘徊的自己的这份信心从何而来，但后来我能够成功做到，一定离不开父母在这个关键选择上对我的理解。

高考分数出来后，我恰好达到了北大的录取分数线，但已没有选择专业的余地，只能读相对较少有人选择的小语种专业。这回，各路亲戚朋友再次对这个专业的选择提出了异议，他们觉得以我的分数，大可以任选其他学校读大热的金融类专业，将来毕业做的是"赚大钱"的工作，于是又想让我按照他们所设想的"正确的路"去走。父母了解我一直想上北大的执念，因此除了必要时的帮助，他们依然坚持不过多干预，有了他们的默许做底气，我填报志愿的过程反而变得异常顺利起来。

直至今日，北大良好的人文和学术环境都让我受益匪浅，我更加相信自己是做了一个正确的选择，也感谢父母给予我的绝对信任和支持。

重视环境选择

- 选择学校，父母并不是一味追求最好的，而是选择了最合适我的
- 文理分科时，父母给予我支持和理解，尊重我的选择
- 高考分数出来后，父母不过多干预

学霸阅读笔记

阅读打卡

新的收获

小　结

第十九课
家长正确引导，利用资源很重要

01 敢于求助老师

其实除了父母，我们学习环境中的每一个人都有可能产生积极正面的影响，我的老师和同学也同样扮演了一个驱动者的角色。

我是个不太善于和他人沟通的人，尤其是在面对比自己年长许多的老师时，更不知应该以什么样的方式与老师交流。因此，在上高中之前，我从没有主动找过老师谈话，甚至连问问题的次数都屈指可数，大多数题目都是问同学或等着老师上课讲解，实在解决不了的宁愿留着也不愿向老师开口。我总担心万一自己问完了仍然无法理解，老师会很失望，自己也会很"丢脸"。但上了高中后，尤其是越接近高考时，我越来越发现不是所有的问题都能通过与同学的讨论解决，老师上课也更不可能面面俱到地把每道题都讲清楚，而自己理解不了的点不能解开，就相当于埋了一颗炸弹，一旦在考试中碰到同类型的题目，就完全束手无策了。在父母的引导和鼓励下，本着对自己负责的想法，我开始鼓起勇气向老师询问，几次之后，我发现老师并不像我想象中的难以亲近，反而十分和蔼且耐心，还会根据我的现实状况提出具有针对性的建议。因此，我有问题也再不攒着了，逮着机会就会向老师发问，甚至是在学习方法和生活上碰到难题，也会主动和老师约一个长谈的时间，把问题解决清楚，以至到后来，问完题目后，老师偶尔还会顺口问上一句："最近还有没有碰到什么困难？"每次听到老师的关心，我因为高考日渐临近而紧绷的心都会轻松许多。

这段难忘的备考经历让我明白，对我这种资质平庸的人来说，父母鼓励我多向老师请教，让我意识到老师是高考路上可以绝对信任的朋友，放心地对他们敞开心扉，能够有意想不到的收获。

02 寻找学习搭档

在高中阶段，除了老师、父母教育我，一定要寻找一位学习搭档，而我的学习搭档就是我的同桌。高中时每次安排座位，班主任都允许我们自由选择同桌，当时的学号是按照文理分班时的考试成绩进行分配的，我考虑到水平相近一些的同学交流起来会更方便，于是提出和学号排在我前面一位的同学组成同桌，她很爽快地答应了。同桌以后，我们很快就熟络起来，也确实如我预想的一样，我们对很多问题都会有思路的交流和碰撞，她的很多想法都让我受益匪浅，通过不断地磨合，我们进步得很快，组成同桌后的第一次大考，始终在十几名徘徊不前的我们，一下子冲到了年级第一和第三的位置。

而在如苦行僧一般生活的漫漫高考路上，同桌同样给了我很大的信心和鼓励。即将高考的那个学期，很多人都因为长达一年的精神紧绷而显得有些力不从心，我毫不例外，且还伴随着北大的目标不能百分百实现的担忧。在距离高考百天时，同桌突然说："这么重要的日子，你得写些鼓励的话给我。"我写了一张明信片，奇怪的是，那些话的本意是鼓励她，但亲手写下那些文字的我，也顿时觉得有了力量。于是从那天起，在每天结束之前，我都会给她写一张明信片，字数不多，内容也说不上多精致，但心怀着诚意送给对方的祝福，也反过来鼓励了自己。

这样的祝福一直持续到高考来到，考试当天，我们也同样互相鼓励着，怀着对未来的美好愿景，手牵着手迈进考场。这份鼓励和长期以来的共同努力，都让我们各自收获了好的结果。

总而言之，我最终来到了北大，与其说是自身拼搏的结果，不如说是我幸运地拥有了理解、支持、帮助我的父母、老师和同学，是他们的善良和关爱给了我前行的勇气和力量，让梦想之芽最终结出累累硕果。